MERCHANT BOOKS
-vol.4-

佐藤多加子（マルコ）【著】
菅智晃【監修】

あんなに「アヤシイ！」と思っていたネットビジネスが幸せな第2の人生のはじまりでした

厚有出版

What's Merchant Books ?

『マーチャントブックス』とは…？

少資金戦略の第一人者として創業以来数多くの起業家を世に送り出している（株）アイマーチャントの菅智晃が、ビジネスの垣根を超えた経営者の学びの場として2014年に立ち上げた『マーチャントクラブ』。

ここから、それぞれの強味や専門性を武器にさまざまなシーンで活躍する気鋭の起業家たちが著者となり、ビジネスに役立つ情報や飛躍のヒント、アドバイスを発信する書籍シリーズ、それが『マーチャントブックス』です。

マーチャントクラブ
ホームページ
https://merchantclub.biz/

株式会社アイマーチャント代表取締役
マーチャントクラブ主宰
マーチャントブックス監修
菅　智晃

CONTENTS

Part.1 私を救ってくれたインターネットビジネス

Part.2　私を育ててくれたインターネットビジネス

CONTENTS

●本書中に掲載しているURLおよびQRコードは、2019年7月現在公開されているものになります。

Part. 1

私を救ってくれた インターネットビジネス

マンガ

兼業主婦まり子さんの物語

エピソード1：p.9、エピソード2：p.124、エピローグ：p.212

まり子さん

家族のために頑張る兼業主婦。子育てが落ち着いてきて仕事に復帰したが忙しすぎて家庭崩壊寸前に。うつを煩い引きこもってしまう。

パソコン教室の上司

明るく天真爛漫なおじさま。

業務の拡大に伴いまり子さんにどんどん新しい仕事を任せていくのだが…。

ナゾのエンジェル

絶望の淵でもがいていたまり子さんのもとにどこからともなく現れた不思議議な天使。なぜかまり子さんには優しい♡

エピソード1

OL歴10年のまり子さん
パソコン教室でインストラクターをしています
結婚、子育てを経て
家の中も少し落ち着いてきたので、職場に復帰
仕事は順調だったけどね、人手不足でだんだん負担が重くなって・・・
まり子さん
明日から3日間、午後6時から1本追加講習が入ったんだけど、お願いできない？
えっ！明日から、ですか？
うん。受講生が思ったより多いから
受講希望リスト

空いている部屋で受け入れることにしたんだ
教室A
教室B
空室
受けてくれるよね？
は、はい……
大丈夫！いつもの内容でいけるから
はっはっはっ
え～…
もうだめ～
こんな状態が続き
さらに義父の介護も重なって
気がつけば、会社を休み、引きこもり状態に
こんなことしてる場合じゃないんだ！

子どもたちが大学を卒業するまで
頑張らないと！
とは言っても
引きこもり同然の私にできることなんて、あるわけないし
あ〜、どうしよう？
そんなに自分を責めなくていいのよ
えっ？

大丈夫！
まり子さんはほんとはとっても根が優しい人～
そんなあなたに、まさにうってつけのお仕事があるの！
わ、私にぴったりのお仕事？
そうよ！
・・・なんだろう？
私にできるオシゴト・・・
看護師さん？
検温でーす
ちゃうちゃう！
看護師の資格持ってないし！

んー、じゃあ保育士さんかな？
いや、ない
今の私じゃ子どもたちのパワーに１２０％負けるし
…なんでそこ行く?!
ありえないっ!!
で、結局のところ私にぴったりのお仕事ってなんなの？
ってか、あなた誰？
うふふ
それは後々のお楽しみ♡
それより今は、お仕事の方が先決でしょ！
そうだった
じゃあ本論に入る前に少し私のお話を聞いてくれる？

ある朝ついに、激しい動悸で起き上がれなくなりました。
【絶対に休むわけにはいかない】の一心で、布団の中で胸を押さえて何度も深呼吸を繰り返しました。けれど、そう思えば思うほど、動悸は激しくなって、指先が冷たく痺れてきます。【もう、間に合わない】というギリギリの時間になって、とうとう布団の中で携帯を握りしめて教室に電話をかけました。

「ごめん。今日出勤できそうにない……」

これが終わりであり、始まりでした。

天職だった…はずなのに

私は、パソコン教室のインストラクターとして働いていました。先頭に立つのは苦手、責任を背負うのも苦手なタイプなのに、柄にもなく教室長もやっていて、日々、教室の売上げや生徒数の増減に神経をすり減らし、月に一度の会議では、いつも小さくなってビクビクしていました。

インストラクターという仕事は大好きだったんです。できなかったことができるようになったり、苦労して作品を仕上げて嬉しそうに笑う生徒さんの笑顔を見るのは最高の喜びでした。教室で生徒さんたちと交わす何気ない会話も、苦労して資格試験に合格した生徒さんとハイタッチをして喜びあったり、笑顔で記念撮影をしたりすることも、大好きでした。

生徒さんからカリキュラム以外のことで相談を受けた時は、自分の知識が足らなければ授業後の教室や自宅で調べてお答えしました。

手前味噌な話ですが、そのおかげで生徒さんからの信頼は厚かったと思います。

「先生がおるから続けられるんよ♪」

と声をかけてもらえることが、当時の私の幸せでした。そして、教室を生徒さんでいっぱいにして、売り上げを伸ばして会社に貢献することが私の目標でした。

「私はね、教室でね、指し棒を持ったままバッタリ倒れてそのまま逝けたら本望なんよ！」なんて、冗談めかして言っていました。

その頃は、この仕事を最後までやり遂げるのだと思っていました。社長のことも心から尊敬していました。けれど、当時の環境は過酷でした。次々と新しい教室が開校していき、教室はいつも人手不足。規則上、月に取るべき休日数や総勤務時間は決められていて、それに沿ってシフトを組みますが、実際には休日は返上、朝の9時から夜の9時まで教室に立ち、休憩時間もろくに取らず、教室を閉めてスタッフが帰った後も自分一人残って深夜まで仕事をしている状態でした。教室はショッピングモールのテナントとして入っていたのですが、モールを出るのはいつも一番最後。仕事を終え、従業員用の出口で警備員さんに挨拶をする際には、いつも「毎日そんなに遅くて大丈夫なん？　ご主人怒るやろ？」と心配されていました。もちろん、会社には内緒ですからお給料にも反映されません。そして、自宅に帰ってからも教室長としての仕事や調べもの、勉強。いつも睡眠時間は3時間取れればよいほうでした。

そんな状況ですから、主婦・母としては完全に落第生でした。いつもぐちゃぐちゃの家の中。キッチンのシンクからあふれる洗い物の山。洗濯機の前には洗濯物が、私の首のあたりまでの高さの山を作っていました。家族の夕食は、お弁当を買って帰ることができたらよいほうで、お弁当屋さんが閉店してから教室を出ることも多く、娘たちは待ちくたびれてリビングで眠っていました。サービス残業・休日出勤が理解できない工場勤務の夫は、いつも静かに怒っていて、家庭の中はピリピリした空気が流れていました。

「お母さんは、仕事運がないなぁ」

娘にはいつもこんなふうに言われていました。私が教室の責任者になった頃はちょうど会社が新しい教室の開校をどんどん進めていた時期で、優秀なスタッフが次々、新しい教室の教室長やサブスタッフとして旅立って行きました。それは喜んで送り出してあげなければならないのですが……。

新しいスタッフが配属され、一生懸命指導をして数か月が経ち、「あと少し頑張ったら落ち着くよ。お母さんもちゃんと休みが取れるし、もっと早く帰れるようになるから♪」と、言い始めたところで【新規開校につき、異動】です。

これが何度も繰り返されました。

どれだけ頑張っても激務の日々は終わりませんでした。いつまで経っても、毎日遅く帰って来て、いつも疲れた顔をしている私の姿は、娘たちにとっては仕事に苦しめられているようにしか見えなかったのでしょう。

実は、インストラクターになる前はリフォーム会社で一般事務員をしていたのですが、当時の支店長が工事代金を横領して失踪するという事件が起こりました。その時も、事件の調査のために毎日遅くまで会社に残る日々が続き、警察の取り調べを受け、ひっきりなしにかかってくるお客様や下請業者さん、本社の社長からの怒りの電話、失踪した支店長が借金をしていた闇金業者からかかってくる嫌がらせ電話の対応に追われて憔悴している姿を見ていたので、「就く仕事、就く仕事でいつも苦労している。お母さんはほんと仕事運がないなぁ」と感じたのだと思います。

余談になりますが、そのリフォーム会社では、事件発覚後1年間頑張りました。本当は、毎日苦しくて、出勤前にトイレで吐くことも度々あったし、毎日戦場に向かうような気持ちで出勤していました。けれど、それでもなんだか逃げたくなかったんですね。新しい支店長のもとで事件の処理が終わり、下請け業者さんとの未払いの工事代金についての交渉も終わり、迷惑をおかけしたお客様からの怒りの電話もかかってこなくなり、営業さんが全員辞めて閑散とした支店に新しい社員の方たちが入って来て、数字が少しずつ上がり始めた頃に、「もう、いいよね、やり切った」と感じたところで退職を申し出ました。そして、有休消化中にその頃通っていたパソコン教室の教室長さんが声をかけてくださったことがきっかけで、インストラクターになったのです。

生徒としてその教室に通っていた頃から、教室の雰囲気が大好きで、先生たちが大好きで、心の底で「こんな所で働けたらいいなぁ」と思っていたのです。だから、声をかけていただいた時にはとっても嬉しくて「ここを、人生最後の職場にするんだ！」と意気込んでいました。

そして、入社して約3年が経ち、教室長になる頃から、新規開校が次々と行われるようになり、仕事は過酷なものになっていきました。

でも、それでもよかったんです。

インストラクターの仕事が大好きで、会社が大好きで、私は本気で「残業代なんて要りません！　生徒さんと会社のお役に立てることが私の幸せです！」と思っていたんです。典型的なワーカホリック（仕事中毒）ですね。そんな働き方が【美徳】だと信じていたのです。そんな毎日でも、どんなに疲れていても、教室では誰よりも明るく、元気に振る舞っていました。いや、正しくはそうあろうと、心に決めていたのです。

たくさんの生徒さんとスタッフに頼られ、相談を受ける立場です。自分が元気でいなければ皆が安心して勉強も、仕事もできないと自分に言い聞かせていました。

けれど、体が先に悲鳴を上げました。


仕事中に動悸やめまいがして、まっすぐ歩くのが難しくなる。

いつも頭の中でシャーシャーと耳鳴りがしている。

毎日のように鼻血が出る。

それでも、毎晩気絶するように眠りに落ちることができていたうちはまだよかったのです。

しばらくすると、どんなに疲れていても眠れなくなりました。

「眠ってしまったら明日起きられる自信がない。でも絶対に仕事は休めない」

そんな恐怖心で布団に入ると、動悸が始まるのです。そしてそのまま朝が来て、重い体を引きずってやっとの思いで出勤。その繰り返しでした。


そして遂に、出勤できなくなったのです。

「うつ状態ですね」これが最初の診断でした

自分の異変には少し前から気づいていました。

簡単な計算ができない。文章を読んでも頭に入ってこない。いつも行っている慣れた町内のスーパーなのに、道がわからなくなって帰れなくなる。気がつけば、レジを通さずに商品カゴを持ったまま車に乗ろうとしている。ふとした時に思考が停止して頭が真っ白になり、何をしてよいかわからなくなって固まってしまう。常に、頭と体が鉛のように重い。

ネットで見た【うつ病】の症状にそっくりでした。「薬を飲めば治る」と思って心療内科を予約していましたが、初診の予約を入れられたのは2週間後。その前に、出勤できなくなったのです。

ほんの1日だけ、と思ってお休みしたのに、次の日も、その次の日も、出勤することはできませんでした。明日こそ、と考えれば考えるほど、動悸が激しくなるんです。

「行かなくちゃ、でも行けない……」

そんなジリジリした思いで心療内科の予約日を迎え、いつものように重い体を引きずり、やっとの思いで先生の前に座りました。

「うつ状態ですね」

これが最初の診断でした。

いきなり先生の前に座っても自分の状態をうまく説明できないと考え、前もって症状をメモして持っていき問診票に書き写したのですが、その内容を見た先生からは、

「短時間でこれだけきちんと症状が書けるなら、それほど重症ではないですね」

と診断を下されました。

「1か月ほど休めばよくなるでしょう」と動悸を抑える精神安定剤を処方され、休職のための診断書を手渡されました。

「今まで頑張ってきたのだから、休むのは当然の権利だと思ってゆっくり休みなさい」

そう言われて、「えっ?」と思いました。

【休むのは当然の権利】

それまで【頑張ってる自分が好き・頑張れない自分は嫌い】だった私にとって、実に新鮮な言葉でした。

そうか、お休みしていいんだ。仕事のことは考えなくてもいいんだ。1か月、ゆっくり休める。そう思うと少し救われた気持ちになりました。

家に帰り、会社に診断書を添付したメールを打って状況報告。そして、人手不足の教室のことも、売り上げや生徒数のことも、しばらくは考えないと決めました。会社の社長や専務も、「教室のことは何とかするから、ゆっくり休んで。待っているから」と言ってくれました。

「あの元気な佐藤先生が、どうしたんですか?」

事情を知って驚いた生徒さんやスタッフから、たくさんのメールやメッセージが届きました。自宅までお見舞いに来てくれる生徒さんもいました。

でも、当時はそのことすら重荷でした。玄関のチャイムが鳴ると息をひそめて居留守を使い、電話が鳴ると耳をふさぎ、パソコンに電源を入れることすら怖くてできなくなっていたのです。そして、そんな自分が大嫌いになりました。自分は、ミジンコのように小さく惨めな存在だと感じました。

食べて、寝て、排せつして…。

酸素を吸って、二酸化炭素を吐き出して。【何の生産性もない、地球を汚すだけの存在】。今考えるとそこまで悲観的にならなくても、と思えますが、その時はそんな考えからなかなか抜け出せませんでした。

最初のうちはただただ、寝たり起きたりしていました。トイレに起きることも苦痛でした。お風呂には何日も入らずにいました。分厚いアクリルのケースに入れられて、海底に沈められているような感覚。暗い深海の底から光の見えない海面を見上げているような感覚。夢と現実の境目で、ぼーっと部屋の天井や壁を眺めていると、真っ黒なタコの足が掛時計からニョロニョロと生えてきたり、大きな蜘蛛が部屋の柱をカサカサと登っていく幻覚が見えました。最初のうちは驚いてハッとしていましたが、そのうち「あぁ、またあれだ」と眺めているようになりました。家族が話しかけてきても、アクリル板の向こうから聞こえてくるただの音のようで、うまく会話ができませんでした。

結局、1か月で回復することはできず、休職期間がさらに2か月延長になりました。病名も【うつ状態】から【うつ病】へ変わり、お薬も安定剤だけでなく、抗うつ剤が処方されました。その頃にはもう、先のことや教室のことを考える気力はなくなり、昼と夜の区別もなく、夢と現実の区別もなく、部屋にこもって布団にくるまっていました。2か月の休職延長の期間が終わっても、結局復帰できず。さらに2か月、もう2か月と、休職期間は延長されていきました。

それでも、「仕事をしていないんだから、家事くらいはしなければ」という思いから、なんとか起き上がれる時には重い体を引きずって少しずつ家事をしていました。しかし、調子の悪い時は、二日、三日と何も食べずに引きこもってしまうこともあり、次女がカレーを作って食べさせてくれたりしました。

そんな日々がしばらく続いた後……

真っ暗な深海の底から、少しだけ光が差し込む海中に浮き上がって来たような感覚になってきました。

ある日。家族の洗濯物を洗って干している時、ふと、
「ああ、お日様が気持ちいいな！」と感じたのです。
久しぶりの感覚でした。
それから徐々に、それまでは苦痛以外の何物でもなかった家事が楽しくなってきました。
「今日の晩御飯はあの子の好きな○○にしよう。喜ぶかな♪」

「お天気がいいからお布団を干そう！　みんな気持ちよく眠れるぞ♪」

そんな、人間らしい感情が戻ってきました。

私が家事を楽しめるようになって、自然と家庭の中も穏やかな空気が流れるようになりました。

お天気の良い日には、散歩に出てみたり。家の裏の川沿いを歩いていると、野草が成長していく過程や水鳥が川に潜って魚を食べている様子を見ることができました。綺麗な夕焼けに見とれたり、山際に太陽が沈んでいく様子を眺めてみたり。

ずっと忘れていた【気持ちが安らぐ】という感覚が蘇ってきたのです。

夜には、心地よい眠さを感じるようになりました。

寝て起きた時、「寝たなぁ～！」とスッキリした感じも、久しぶりに味わいました。パソコンを開くのも、怖くありません。

「日差しが気持ちいいなんて、考えて見たらずっと感じたことなかったなぁ」

「本当の幸せって、こういうことなのかなぁ」

「仕事が最優先で、それがカッコイイと思ってたけど、違ったのかなぁ」

「あのまま仕事を続けてたら、どうなっていたんだろう?」
「こんな形だけど、お休みする時間をもらえてよかったのかもしれない」
そんな風に思うようになりました。

でもね、ずーっと休職していたら、お金がないんです。

傷病手当の給付は受けていましたが、とても足りません。ちょうど、長女の受験&進学も重なっていました。私には二人の娘がいるのですが、年子なので次は次女の受験&進学も控えています。定期預金を解約しても、右から左に消えていってしまうのです。一時は貯金がなくなって、我が家は正真正銘の一文無しになったことも。その時は、学資保険の解約と国の教育ローンで何とかしのぎました。進学後の奨学金の申請が通った時には、心底ホッとしました。

家族にも、我慢ばかりを強いていました。千円カットに行くお金も惜しくて、自分で少しずつ髪を切っていました。

美容師になりたいという、娘の夢は応援したい。お父さんの趣味(ゴルフや釣り)だって、楽しんでもらいたい。車だって、もう17年くらい乗っている……いつまで持つかわからないぞ。来年は次女も進学だ。このままじゃいけないぞ。【うつ】も回復してきているし、そろそろ復職を考えなければ……。

そう考えて、心療内科の先生、会社の上司とも相談し、職場復帰の準備を始めました。「もう、きっと大丈夫」という思いもあったのです。

極限状態の中で足を踏み入れた怪しげなネットビジネスの世界

休職している間にパソコンの仕様は大きく変化し、それに合わせて新しい講座がたくさんできていました。それらを勉強していないと、生徒さんの質問にも答えられません。

復帰に向けて、新講座の勉強を始めました。

教室に行って、教材を借りて帰り、家で勉強をし、翌日、返しに行って、また次の教材を借りて帰る。その繰り返しです。

そんな生活を始めた途端……また、動悸が始まりました。

以前の環境に戻る恐怖がものすごい勢いで湧き上がってきたのです。

●毎日、教室で神経を張りつめ、
●家でも勉強と仕事に明け暮れ、
●疲れ切った体で嫌々家事をし、
●家族と会話もない毎日

あの頃に戻るのか……。

時が経ち、復帰予定の日が近づくほどに、のどに重苦しく物がつかえたような感覚、どうしようもない倦怠感、動悸が強くなり、あの頃のように、海の底に沈んでいくような感覚に襲われるのです。

結局、復帰は果たせず、薬も増量になりました。

その後も何度か、調子が良くなって復帰の準備を始めては逆戻り、を繰り返しました。徐々に、復帰しようという気力も、復帰できる自信も薄れていきました。

病院の診察室で「もう退職します」と泣いてしまい、

「結論を出すのはまだ早いよ、そう思わせるのは病気のせいだから」

と、先生になだめられたりもしました。出勤できなくなったあの日から、約1年が過ぎていました。

「好きな仕事だったはずなのに……」

「本当は違ったのかな。自分に嘘をついていたのかな?」

【復帰すること】を、本当の私は望んでいないんじゃないかな?」

「だから、病気が良くならないんじゃないかな?」

そんな風に考え始めました。

それまでは見向きもしなかった、インターネットビジネス関連のキャッチコピーが目にとまるようになったのは、その頃からでした。

何かのサイトでメールアドレスを登録すると、勝手に送りつけられてくるたくさんのメール!! それまでは、「うさん臭いな……」「うっとうしいな……」と思っていたメールたち。でも、心が弱っていた当時の私にはとても魅力的に映り、その中の1通を、ほとんど上《うわ》の空で開きました。

【初心者でも簡単! ○○するだけで日給2万円!】

そんな感じのタイトルだったと思います。

それが、インターネットビジネスというものの存在を知るきっかけでした。

個人でも、パソコンとネット環境さえあれば、自宅で、勤めに出ずに、大きな収入を得ることができる。それは外に出ることに恐怖感を抱いていた私には、とっても魅力的なものでした。

「こんな世界があるんだ！」と、すぐにそのメールマガジンに登録し、毎日夢中になって読みふけりました。

とはいえ、正直それからもしばらくの間、【ネットで稼ぐ】ということに対する不信感はずっと拭えずにいました。

「日給2万円ってことは……月給60万？」
「初心者でも簡単？　1日数分の作業で……？」
普通に考えただけでも、怪しいですよね。
もっと怪しいものになると
【ほったらかしでOK！　寝ている間にチャリンチャリンと収入が発生する仕組み！
あっという間に月収１００万円！】とか……。

朝から深夜まで一生懸命働いて、ようやく手取り15万円ほどの月給をもらっていた人間にとっては、ちょっと想像し難い世界です。

けれど、とにかく以前の生活に戻るのが恐ろしかった。インストラクターとして生徒さんと接することは好きだったけれど、あの環境は苦しかった。

「戻りたくないよぉ（涙）」

「でも、何か収入を得ないと、このままではいられない……」

「飲食店やスーパーのパートのお給料じゃ、足りない……」

「でも40歳を過ぎて、社員として雇ってくれるところなんてあるかな？」

「やっぱり、復帰したほうがいいよね」

「でも……考えただけで息が苦しくなる。嫌だよぉ〜〜！」

そんな思考が頭の中で堂々巡りをしていました。

格好悪い話ですが、私はとにかく逃げたかったのです。以前のように働くのが嫌で嫌で仕方がなかったんです。【仕事命＝美徳】なんて言っていたのはただのカッコつけでした。自分で自分に酔っていただけだったんです。

何とかして、職場復帰をしなくても生活に困らない収入を得る方法はないかと考えた時、「ネットビジネスなら、その可能性があるかもしれない」と思いました。まだ半信半疑だけれど、まだ何も知らないんだから、まずは調べてみよう。

そして、家族には復帰に向けて勉強をしているふりをして、パソコンに向かい、ネットビジネスに関する情報を集め始めました。

実は、恥ずかしながらそこで一度、【初心者でも簡単！　〇〇するだけで何十万も稼げます！】という謳い文句の約20万円の企画に参加してまったく成果を出せず、挫折を味わいました。娘のための教育ローンを家族に黙って使い込んでしまいました。

「やっぱり、そんなオイシイ話なんてないよね。やっぱり、楽して稼ごうなんて傲慢な考えなんだ」と、そこで一度あきらめかけましたが、それよりも、復帰への恐怖のほうが勝り、私はしつこくパソコンに向かっては情報収集を続けました。

そんな感じで情報収集を始めて数か月が経った頃、今の私の土台となる教材（情報商材）とその販売者さんに出会い、私の、本当の意味でのインターネットビジネスへの挑戦が始まりました。

ネットビジネスの世界にも、まっとうな手法はあったし（その代わり、〇〇するだけで、なんて簡単なものではありませんが）、ちゃんとした教材も存在したし、購入者を大切にする販売者さんも、探せば見つかるのだとわかりました。

そして、それに気がついてから、私の心は本当に【楽】になりました。さまざまな重圧から解放されました。未来は明るいと信じられるようになりました。

- 夜、「明日も仕事だ……」と動悸に苦しまずに済むこと
- 朝起きて、「あぁ仕事だ」と憂鬱な気持ちにならなくて済むこと
- 家族の穏やかな笑顔を想像しながら家事をすること
- 家族とショッピングやランチ、他愛のない会話を楽しむこと
- 子どもたちの夢を応援できること
- 夫の趣味を快く応援できること

こんな【心穏やかな日々】【ほんわかした暖かい毎日】を【お金の心配なく】送れることと……。

不可能だとあきらめかけていたことが、決して不可能ではないことを発見しました。きちんと努力すれば手に入ることなんだと信じられるようになりました。

ネットビジネスの世界には、確かに詐欺的な手法を使ったり、誇大広告を打ち嘘をついて商材やサービスを販売している人たちもいますが、それがすべてではありません。

私はネットビジネスの世界とリアルビジネスの世界の両方を見ることができて、よかったと思っています。20万円を失った時はもちろん痛かったですけど……そのおかげで、「自分は、まっとうなビジネスをやろう」という思いを強く持つことができるようになりましたから。

失敗も、受け止め方次第で【未来のラッキー】に変わるんです。

こうして私は、インターネットビジネスに本気で取り組む決意を固め、会社を退職しました。まだ、何も結果は出せていなかったけれど、自分の理想とする未来に向けて、どんな努力でもする覚悟でした。今までだって頑張ってきた。だから、これからだって頑張れる。絶対にあきらめない。きっと、未来は明るい。

2014年11月18日。43歳の誕生日。

この日が、私の第二の人生のスタートの日です。今の私の土台となった教材の購入ボタンを、ドキドキしながら震える指でポチッとクリックした日。もう若くない中年のおばちゃんだし、お金もなくてギリギリ。加えてうつ病持ちの引きこもり…。だけど、心の中は未来への夢でいっぱいでした。

それから4年と少しが経って……

今では、セミナーに登壇させていただいたり、本を書いたり、法人のWEBマーケティングに携わったりと、いろいろなお仕事をさせていただいています。東京に、事務所も持つようになりました。

最初は家に籠って誰にも会わずに収入を得たい、と考えて始めたのに、いつのまにか人に会うことも、外に出ることも楽しくなって、「えっ？　うつ病だったなんて、そんな風には全然見えない！」と皆さんに言われています（笑）。まだ、お薬は飲んでいるんですけどね。でもきっと、近い将来お薬も飲まなくてよくなると信じることができています。

ちなみに、私はもともと特に資格も何もない、普通の主婦でした。パソコン教室のインストラクターをしていたと言っても、専門学校などで学んだわけではありません。

大学を中退してそのまま結婚、二人の娘を出産し、主人のお給料だけでは足りなかったので、娘たちが小さい頃には家で内職、幼稚園に入ったら娘を連れてヤクルトを配り、小学校に入ったらスーパーで総菜コーナーや精肉コーナーでパートをしてきました。

初めてパソコンの電源ボタンを押したのは、33歳の時です。それまでは、パソコンなんて触ったこともありませんでした。スーパーのパートをしながら、いずれ娘たちが大きくなったら事務職の正社員として働きたいと思って、町内のパソコン教室に週に1度通っていたんです。そして、教室に1年ほど通ったところで、なんとか事務職として就職が決まり、前述のような事件が起こって退職をして、そのまま、通っていたパソコン教室のインストラクターになりました。

本当に、何も持っていない普通の働く主婦だったのです。

これから、こんな私のゼロからの道のりを順番にお話ししようと思います。今、何かしらの問題を抱えて苦しんでいるかもしれないあなたや、お勤めをすること以外の収入の道を探しているあなたに、あるいは、普通の主婦だけど、「自分だって何かやりたい！　収入源が欲しい！」と思っているあなたに、こういう生き方もあるんだと、希望を感じていただけたらとても嬉しいのです。同時に、個人がゼロからインターネットの世界でビジネスを広げていく手順も、お伝えしたいと思っています。

ごくごく普通の主婦だった私ができたのですから、きっとその気になれば誰でもできると思うのです。

私が失敗したように、この業界には何も知らない初心者を

【超簡単】

【1日5分の作業だけで日給〇〇万！！】

【ほったらかしで！】

などという言葉で誘い、搾取しようとする人たちが少なからず存在していることも確かです。

しかし一方で、情熱を持って真摯に顧客と向き合う姿勢を持った素敵な方もたくさんいらっしゃいます。良い人もいれば、悪い人もいる。それはインターネットの世界に限ったことではありませんよね。

あなたが、素敵な方とめぐり会うこと、そして、あなた自身が美善をもってビジネスに取り組む人になってくださることを、心から願っています。

最初に取り組んだのは【ブログ・メルマガアフィリエイト】

インターネットビジネスにもいろいろなジャンルがありますが、私が最初に選んだのは**【ブログ・メルマガアフィリエイト】**でした。

アフィリエイトとは、他社（他者）の商品をインターネット上で紹介して、それが売れたら紹介報酬として販売額の一部をいただける、というものです。ネットでいろいろなブログやサイトを見ていると、広告がたくさん表示されると思います。あなたがその広告をクリックしてその先に表示される商品やサービスを購入したら、ブログやサイトの運営者に「販売に協力してくれてありがとう」と、販売元（広告主）から報酬が支払われる仕組みです。いわば、ネット上の広告代理業みたいなものです。

アフィリエイトを行う人を【アフィリエイター】、商品の販売元（広告主）とアフィリエイターの仲立ちをする存在を、【ＡＳＰ（アフィリエイト・サービス・プロバイダ）】と呼びます。

広告主は、アフィリエイターに紹介してもらいたい商品やサービスをＡＳＰに登録します。

アフィリエイターは、ＡＳＰにアフィリエイター登録をすることで、そのＡＳＰで扱われている商品やサービスを紹介することができるようになります。**アフィリエイターの紹介で商品やサービスが購入されると、商品代金の一部が広告主からＡＳＰに支払われ、ＡＳＰはその中からアフィリエイターに紹介報酬を支払う仕組みになっています**（図１）。

こうして考えると、ネットビジネスやアフィリエイトって、決して怪しいものではないということがわかっていただけると思います。ほんの一部、怪しい人たちがいるのは否定できませんが、【見る目】を養えば見分けることは簡単です。

今では、主婦やサラリーマンの副業として、参入する方も年々増加しています。楽天やア

図１　アフィリエイトの仕組み

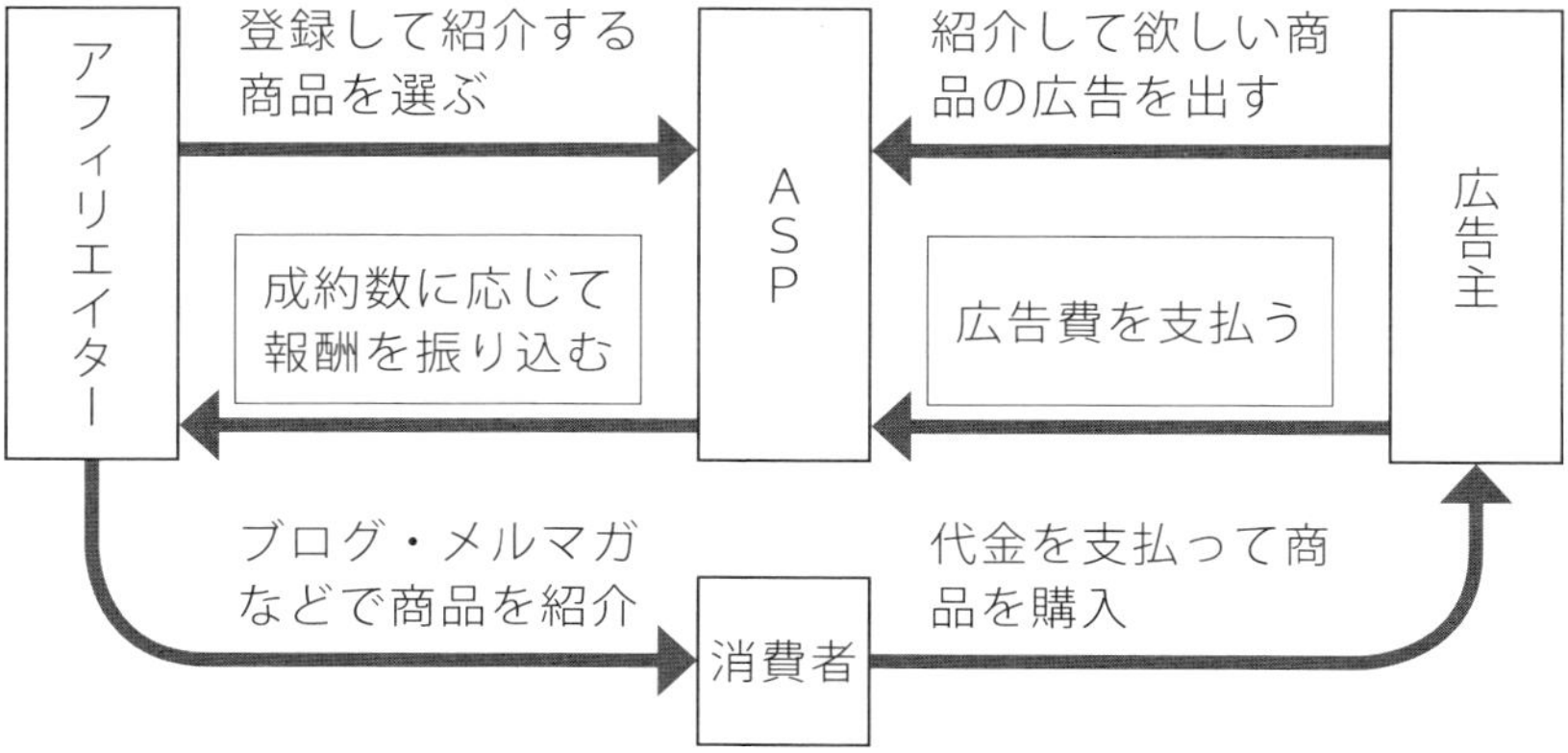

マゾンで販売されているものはすべて、そして、化粧品や日用品、クレジットカードの契約やホテルや旅館の予約、アプリのダウンロード、私が購入した教材のような情報商材と呼ばれるものまで、アフィリエイトできる商品は無数にあります。私たちの身の回りにあるもの、ほぼすべてがアフィリエイトできると言ってもよいと思います。

アフィリエイトの良いところは、主に次の5つです。

❶パソコンとネット環境さえあれば誰でも、どこでも実践できること
❷自分で商品を作る必要がないので難易度が低いこと
❸仕入れや在庫を抱える必要がないので金銭的リスクが小さいこと
❹紹介をして、購入されれば、あとの細々とした決済の手続きや商品の発送などはすべてASPと販売元がしてくれるので、自分は商品の紹介に集中できること
❺インターネットを利用するので、全国、世界中の人たちが顧客になりえること
（実際、私から商材を購入してくださった中には、海外在住の方もいらっしゃいます）

小さな個人でも、商品を自分で作る力がなくても、大きな資金がなくても、本業や子育てで取り組む時間が不規則でも、始めることができるのです。

もう少しお話しすると、商品やサービスを紹介する媒体によって、**【ブログアフィリエイト】**、**【メルマガアフィリエイト】**などと呼び方が分かれています。私の場合は、ブログでメルマガ（メールマガジン）の読者さんを募って、メルマガで商材を紹介する手法を選んだので、**【ブログ・メルマガアフィリエイト】**でした。

実は、私自身も、ネットビジネスについて調べていた時に、いろいろな人のブログを読み漁り、いくつかのメルマガに登録をして、その中で紹介されているビジネス教材を購入したのです。その時点で、メルマガを配信していた人に、報酬が発生していたわけですね。「なるほど、同じことをやればいいんだな」と納得して、まずは購入した教材をもとにブログ作りを始めました。

パソコン教室のインストラクターをやっていたと言うと、「パソコンに詳しいから有利だよね」と言われることが多いのですが、実はまったくそんなことはありませんでした。私が勤めていた教室は、初心者向けの教室でしたし、教えていたのはワードやエクセル。ブログ作りに必要なサーバーやドメインといった言葉は、聞いたことすらありませんでした。ワードプレス（ネットビジネスでよく使われているブログシステム）なんて「ワードの親戚かな？」と思っていたくらいで（笑）。

つまり、ネットビジネスに役立つようなパソコン知識は皆無だったわけです。そんな中で、ひたすら調べながらのブログ構築。ワードプレスの管理画面を初めて見た時は、どこからどう手をつけてよいのかわからず、完全にフリーズしていました。

一つのことを調べるのに3日がかり、4日がかりは当たり前。とにかく、記事を書く以前にブログの体裁を整えるだけで必死の毎日でした。そして、「あか〜〜〜ん！」とくじけそうになった私は、ワードプレスのテンプレート（ブログに綺麗なデザインを追加してくれるものです）を購入する際に、

【あなたの代わりにブログを構築します！】

という特典をつけているアフィリエイターさんを選んで購入し、構築代行をしてもらうことにしたのです。でも、これが後々後悔することに……。

「参考にしたいブログがあれば、教えてください」とのことだったので、気に入った構成のブログを探してメールでお伝えしました。

3日後、でき上がったブログをわくわくしながら見てみると…なんと、参考にしたいとお願いしたブログから、画像も文章の一部も完全にコピーされているではありませんか！言うまでもなく、著作権違反です。当時素人だった私でも、「これって……ヤバいのでは？」

とわかりました。

でも……自分でやってないから、直し方がわからないんです（汗）。

あたふたしているうちに、参考にしたブログの管理人さんからクレームのメールが届きました。「何の目的で私のブログをパクってるんですか？　著作権のこと、知らないんですかっ！」と。

まだ、1記事も書いていないブログなのに、パクリブログは意外と早くバレるのだ、ということをこの時学びました……。

結局、先方には事情をお話ししてひたすら謝り、ブログは外部から見れないよう【メンテナンス中】の表示にして（この方法も、何日もかけて調べました）、少しずつちまちまと調べながら、いじくり回しながら自分でオリジナルに変更していく羽目になりました。

多分、最初から自分でやるのと変わらないか、それ以上の時間がかかりました。4か月くらい、メンテナンス中のまま、ブログを誰にも見てもらえない状態でしたから……。

横着をしようとすると、しっぺ返しが来るんですね。でも、その時に必死にいろいろ調べて作業したおかげで、同じようにブログ作成で苦労している方に教えてあげられるようになったのですから、今となってはよかったと思っています。

やっぱり、自分でやるって大切。一歩一歩の積み重ねって大切。そして、トラブルも後になってみればラッキーに変わるんです。

ブログを通して私が人の役に立てることって何だろう？

そんなこんなでいきなりつまずいた私ですが、ようやくブログの体裁が整い、いよいよ記事を書いていく段階になりました。でも、私自身がまだペラッペラの初心者。かっこいい成功法則なんて語れません。

有名なアフィリエイターさんみたいに、すごい実績を見せることもできません。かといって嘘の【月収１００万円稼いで自由に暮らしています！】（これ、結構たくさんいらっしゃいます）なんて、言いたくない。それでも、私に興味を持ってくれる人なんているんだろうか……。そもそも、誰に向けて、どんな記事をブログに書けばいいの？

……これ、初心者の方のほとんどが考えることなのではないかと思います。中には嘘の実績を謳う人もいますが、私はそれはしたくないと思いました。嘘の実績を掲げたところで、それに見合う高尚なことなんて語れない。絶対にボロが出ます。


「じゃあ、どうすればいい？」

「私にできることは何？」

と悩みに悩んだ結果。

「自分が何か、役に立つことを伝えられるとしたら、自分よりも後輩の人しかいない！」

と思いました。だから、私は、自分よりも後からネットビジネスに興味を持った、初心者さんならぬ【超・初心者さん】のためのブログを作ることにしたのです。


私が、インターネットビジネスというものに初めて興味を持ってから、これまでにたくさんネットで調べたり、実践してきたことを誰よりもわかりやすく伝えていこうと。いろんなブログやサイトを放浪しなくても、私のブログを見れば、超・初心者さんに必要なことがすべてわかるようなブログにしようと。私自身が、「こんなブログがあったらいいな！」と思ったものを作ろうと。

これで、私自身のネット上での立ち位置とターゲット（誰に向けて書くのか）が決まりました。ネットビジネスに触れたばかりの超初心者さんがターゲット。私は、少しだけ先輩で、後輩がつまずかなくてもよいように、初歩的なことから丁寧に教えてあげる立場です。これなら、まだ、実績のない私にも「できる!」と思いました。

さらに大切なのが、【ブログのコンセプト】です。つまり、**読者さんと一緒にどんな未来を目指すのか、どんな未来を望む読者さんに共感して集まってもらいたいか、どんな人のお役に立ちたいのか**。これも私自身の経験から考えました。

私のコンセプトは、【外に働きに出ずに、自宅で収入を得て、家族との時間を大切にしながら、経済的にも安定した暮らしを得る……】。これ、まさに自分自身が欲しくてたまらない未来だったんです。そこで、同じ思いを持つネットビジネス初心者さんに、その始め方を一から丁寧にお伝えしようと考えたのです。

そしてもう一つ。私自身が教材をもとに作業を進めていた中で、わからなくて苦労したことが山のようにありました。その時、パソコン教室で働いていた頃の生徒さんたちの顔が目に浮かんできました。

「あぁ、あの生徒さんだったら、この説明じゃあ絶対につまずいてしまうだろうな……」

「ひとりでは解決できないだろうな……」

せっかくネットビジネスの存在を知って、可能性を感じて飛び込んでも、パソコン自体が苦手なために挫折してしまう人がたくさんいるはず！　そんな人を助けたい。それなら私にもできる。

私自身、インストラクターなんて仕事をしていたとはいえ、実はパソコンの電源ボタンを初めて押したのは33歳の時。かなり遅いスタートでした。小さな町のパソコン教室で、親戚からもらった古いパソコンで習ったのです。

その当時は、【コピペ】【ドラッグする】【ＯＳ】【Ｏｆｆｉｃｅ】なんて言葉の意味すら知りませんでした。入力は指一本でたどたどしく。調べたいことがあっても、どんなキーワードで検索したらよいのかわからない。なんとか検索してみても、そこに書いてある事柄の意味が理解できないからさらに迷走。そんな状態だったんです。それが、数年後にインストラクターになったのだから不思議ですよね。

我ながらよく頑張ったと思います。だから、パソコンが苦手な人の気持ちも、よくわかる。どこで苦労するかも、よくわかる。そんな人のかゆいところに手が届くような説明をしていこう。難しい言葉を使わずに、でも、説明の通りにやっていけばできるように。

こうして、私のターゲットとコンセプトが決まりました。次はいよいよブログの中身を書いていくステップに入ります。

マルコからあなたに伝えたいこと その1

ブログで発信を始める前に、ターゲットとコンセプトを決めておくことはとても大切です。これがないと、【ブログやメルマガに何を書いていいのかわからない】という状態に陥ってしまいます。

実際、私のところにもそんなご質問がたくさん届きますが、ほとんどの場合、ターゲットやコンセプトが定まっていないのが原因なんです。

ターゲット、コンセプトという言葉を使うと難しく考えてしまいがちですが、**要するに、自分がこれから書くブログは**

❶誰のために書くのか？
❷誰のお役に立ちたいのか、誰を助けたいのか？
❸どんな悩みを持っている人に語りかけるのか、共感してほしいのか？
❹どんな未来を見せたいのか、目指すのか？

これらを明確にするということです。そしてそれは、過去の自分自身の悩みや願望そのものであることが多いです。

●厳しい職場から逃げ出して、家で家族との時間を大切にしながら、経済的にも
余裕のある生活を送れるだけの収入を得たい

これが、私自身の悩みと願望でした。そして、それがそのままターゲットとコンセプトになりました。

他にも、

●子育て中でガッツリ働くことができない。けれどもう少しお金が欲しい
●サラリーマンだけれど家族を養うには十分なお給料を得られていない。だから
空き時間で副収入が欲しい
●今の職場が嫌で脱サラしたい。そのために稼ぎたい
●今までなんとなく流されて生きて来たけれど、なんだかつまらない、自分でビジネスをしてワクワクしたい！
●学生だけれど、就職したくない！

…etc.

何でもいいと思います。恰好いいことは言えなくてもよいのです。自分のそのままの感情を出せば、きっと同じような思いを持っている方が共感してくれます。

また、**ターゲット、コンセプトを定める時には、背伸びをしないことも重要**だと感じています。変に背伸びをしてしまうと、自分自身が苦しくなりますから。よく、SNSなどで**【月収100万円を得て自由なライフスタイルを満喫しています！】**などとプロフィールに書いている人を見かけますが、本当にそれだけの収入を得ているかどうかは、発信している内容を見ればすぐにわかってしまいます。そんなことは、最初から書く必要なんてないのです。それでも、ちゃんと読んでくださる方は出てきます。

そうしていくうちに、自分自身に少しずつ実績ができて、ステージが上がっていくと、自然と立ち位置が変わってきます。その時に、改めてターゲットやコンセプト、そして実績も、変えていけばいいんです。

最初は私も、自分に金額的な実績がないことが不安でありコンプレックスでしたが、**【自分にできることはこれしかない】**と思ってやっていくうちに、「これでよかったんだ」と感じるようになりました。**大御所さんの高尚なお話も魅力的だけれど、同じように苦労しながら前に進んできた〈ちょっとだけ先輩〉も、求められているんです。**

例えば、野球で元メジャーリーガーのイチローのような一流の人に教えてもらえるのはすごく興奮しますが、普段頼りにするのは、同じチームで自分より上手な先輩だと思います。自分もここで苦労したよ、そして、こうやって乗り越えたよ、と寄り添って教えてくれる人。最初はそんな立ち位置でのスタートで十分だと思うのです。

ただ、ここで大切なのは、**自分で自分のことを「初心者です」と言わないこと。「初心者です」と宣言している人から学びたいと思う人はいません。**

情報を発信する立場になるということは、イコール【プロになる】ということです。ブログを構築して発信できるようになった時点で、もう初心者ではありません。これからネットビジネスを始めようと考えている人たちからすれば、立派な先輩。いつまでも初心者意識が抜けずに、おどおどしたり自信なさげな文章を書いてしまう人がいますが、自分のやってきたことには自信をもって発信することだけは、心がける必要があります。

インストラクター時代、生徒さんからテキストの内容以外で質問された時、中には経験がなかったり、すぐにわからなかったりすることもありました。パソコンの世界は本当に奥が深いので（今でも、わからないことは山ほどあります）…。そんな時は、生徒さんが帰った後や自宅に戻ってから一生懸命調べて後日お答えしていました。さも、以前から知っていたかのように、自信満々で（笑）。

生徒さんから見たら、インストラクターはプロです。頼りにするべき先生です。新人だろうがベテランだろうが関係ありません。それが、自信なさげにおどおどしていたら、生徒さんの方が不安になっちゃいますよね。そうやって教え込まれてきたことが、ネットビジネスの世界でも生きています。そういうことなんです。

プロフィールは名刺の役割も果たす最重要記事

自分の立ち位置、ターゲットとコンセプトが定まったら、ブログで最初に書いたのは【プロフィール記事】でした。

プロフィールでは、

❶ 自分自身がネットビジネスに飛び込んだ経緯（同じような境遇で同じような未来を求めている人たちに共感と希望を持ってもらう）
❷ 自分自身の思いと、誰の役に立ちたいのか（自分が苦労したことを読者さんがしなくていいように、一からわかりやすく解説するブログを作りたかった。やる気はあるのに、パソコンが使えないことであきらめてしまう人を救いたかった）

を伝えました。

【ブログメルマガアフィリエイト】の中でのブログの役割は、メルマガの読者さんを一

人でも多く募ることです。そのためには「この人の発信をもっと受け取りたい」と感じてもらうことが大切。ですから、プロフィール記事は最重要記事の一つです。私も力を込めて、思いをしっかりと伝えました。そうすることで「プロフィールに共感しました！」というメッセージをいただけるようになりました。

そんなメッセージを初めていただいた時、「あぁ、これでよかったんだ」と感じることができて、とても幸せな気持ちになったんです。背伸びも、【月収〇〇万円！】みたいな実績も、必要なかったのです。

後にメルマガを始めた時には、ブログからコメントをくださった方がそのままメルマガに登録してくださることも多くありました。

そこからは、ひたすらブログ記事を書いていきました。執筆者はもちろん【今の私】ですが、記事の対象はいつも、【過去の自分】。

●「ネットビジネスって何なの？」「興味はあるけど怪しくない？」と思っていた過去の私に、ネットビジネスというものの種類や収入が生まれる仕組みを伝える
●アフィリエイトという言葉を初めて聞いた時の自分のために、アフィリエイトというビジネスの仕組みを伝える

●私自身がなぜ、ブログとメルマガを使ったアフィリエイトを始めたのか、その理由を伝えて、興味を持ってもらう。そして、その具体的な手順も伝える

自分自身が、ブログを構築した時の作業手順を、パソコンが苦手な人でもできるように、1から丁寧に図解する。苦労して片っ端から検索しなくても、私のブログだけを順番に読んでいけばワードプレスのブログが完成するように。記事も、書けるように。

手順を図解するために、テスト用のブログをもう一つ作って、最初から順番に操作手順をキャプチャしていきました（キャプチャというのは、操作中のパソコンの画面を画像として保存することです。専用の無料ソフトを使えば簡単にできます）。

キャプチャはとても手間のかかる作業です。慣れないうちは1記事書くのに数日がかりで、「こんなペースでいいのかな?」と不安になりましたが、手抜きをせずに丁寧に記事を書いていくことで「こんなにわかりやすく解説してくれる記事は初めてです！　おかげで自分にもできました！」と嬉しいコメントをいただけるようになりました。これもまた、後々のメルマガ登録につながりました。

「あぁ、私がやってきたことは間違いじゃなかった」と感じた瞬間でした。

他にも、教材で学んだことはすぐに実践して、その過程を自分の体験を交えて記事にする。トラブルで困った時、それを解決できたらその過程を記事にする。

こんな具合に、超初心者さんを対象に、少しだけ先輩の立場から、自分のやってきたことや学んできたことを記事にしていきました。

そして、自分の想いや日常の変化も。それは、自分自身の備忘録でもありました。勉強したことを忘れないためにノートに書くように。また、初心を忘れないように。

今でも、ブログを読み返すと、当時の拙《つたな》い自分に照れてみたり、頑張っている自分を愛おしく感じたりします。

以降ずっと、私の情報発信はこのスタイルです。経験を重ねるにつれ、伝えられることが増えていくのが自分でもわかります。それは、自分の成長を感じて嬉しくなる瞬間でもあります。金額的な実績はなくとも、経験してきたことそのものが、実績になって伝えられることになります。

私は、ブログメルマガアフィリエイトをやっていくなら【自分が学んだことを後輩に伝える気持ちで発信する】というスタイルをお勧めしています。これなら、始めたばかりでも、何を書けばいいか、悩むことはありません。作業すればするほど、勉強すればするほど書きたいことがあふれてきて、【書くのが追いつかない！】状態になります。

同時に、金額的な実績作りにも取り組みました。実績はなくても興味は持ってもらえる。けれど、あれば有利になることも事実。そこで、私の場合は【自己アフィリエイト（セルフバック）】で実績を獲得していきました。

自己アフィリエイトとは、アフィリエイト案件に自分で申し込んで報酬をもらうという仕組みのことです。こんなふうに書くとズルしているような印象になりますが、これは広告を出している企業側もＡＳＰも認めている立派なシステムです。つまり、自分でお得に申し込んでもらって試してもらい、それを紹介してもらうための仕組みですね。化粧品や日用品、ネットビジネスのために必要なネットバンクの口座開設、サーバーやドメインの契約も、あらゆるものが自己アフィリエイトできるようになっているので、それを利用しました。ビジネス専用のクレジットカードなども、自己アフィリエイトで作りました。

ここでもう一つ、実行したことがあります。

初めての教材を購入してインターネットビジネスを始めた時、家族には内緒にしていました。でも、暇さえあればパソコンにかじりついている姿は、ちょっと異様に映ったらしく、家族は怪訝《けげん》そうな目で見ていました。【なんだか、怪しいことをやっている】と感じていたのだと思います。

私自身も、内緒でやっていることに引け目を感じて、なんとなくモヤモヤとしていました。でも、ネットビジネスについて何の知識もない、そもそもパソコンをほとんど使わない家族に口で説明するのは難しい。だから、**自己アフィリエイトを夫の目の前でやることにしたのです。**

「絶対に、迷惑かけないから見てて！」

とお願いして、目の前でパソコンを開き、ASPの画面を見せながら、説明しながら登録し、自己アフィリエイトの案件に申し込んでいきました。その時は不機嫌そうな顔で見ていた夫でしたが、数か月後、自己アフィリエイトで貯めた約20万円の銀行残高を見せた時、初めて「すげぇな」と言ってくれました。

それからは、応援こそありませんでしたが、とにかく「好きにすれば」というスタンスで放っておいてくれるようになりました。理解とまではいかないけれど、家族の目を気にせずに、作業ができるようになったのです。

訪問者の目線でブログにひと手間加えたら…

さて、このようにして、自分のやってきたことをどんどん記事にしていったのですが、基本的に、ブログにやってくる人は、何か問題や悩み、知りたいことがあって、それを解決するために、キーワードを検索窓に入力して検索してきます。ですから、読者さんは、最初に自分のブログのどの記事にやってくるかわかりません。ただただ思いつくままに記事を書いていたら、いろいろなテーマの記事がごっちゃになってしまって、すべてを順序よく見てもらうことができません。せっかく、ワンストップでビジネスを始められるように自分のブログで丁寧に説明していても、そのことに気づいてもらえないんですね。

そこで、**ある程度記事が溜まってきたらまとめページを作ってコンテンツ化し、どの記事にやって来てもその存在がわかるように、サイドバーやグローバルメニューに表示していきました**。もちろん、プロフィール記事も（**図2**）。

ネットビジネスについて、まだ触れたばかりの超初心者さんのための記事をまとめたページ、ブログ構築の手順を順番にまとめたページ……等々。

このコンテンツ化をしてから、ブログにメッセージをいただくことがさらに増えました。

「初心者講座をすべて印刷して勉強しています！」

「お気に入りに登録して楽しみに読んでいます！」

こんなメッセージを初めていただいた時は、とっても嬉しくて、興奮してお返事を書いたことを今でも覚えています。

同時に、こんな工夫もしました。私はもともと人見知りでモジモジしてしまうタイプの人間なので（今は、そんなふうに見えないと言われますが……）ブログにコメントをしたり、運営者さんにメッセージを送ったり問い合わせをするのがとっても苦手だったんです。きっと、同じようにハードルを感じてメッセージ

図2　グローバルメニューとサイドバー（例）

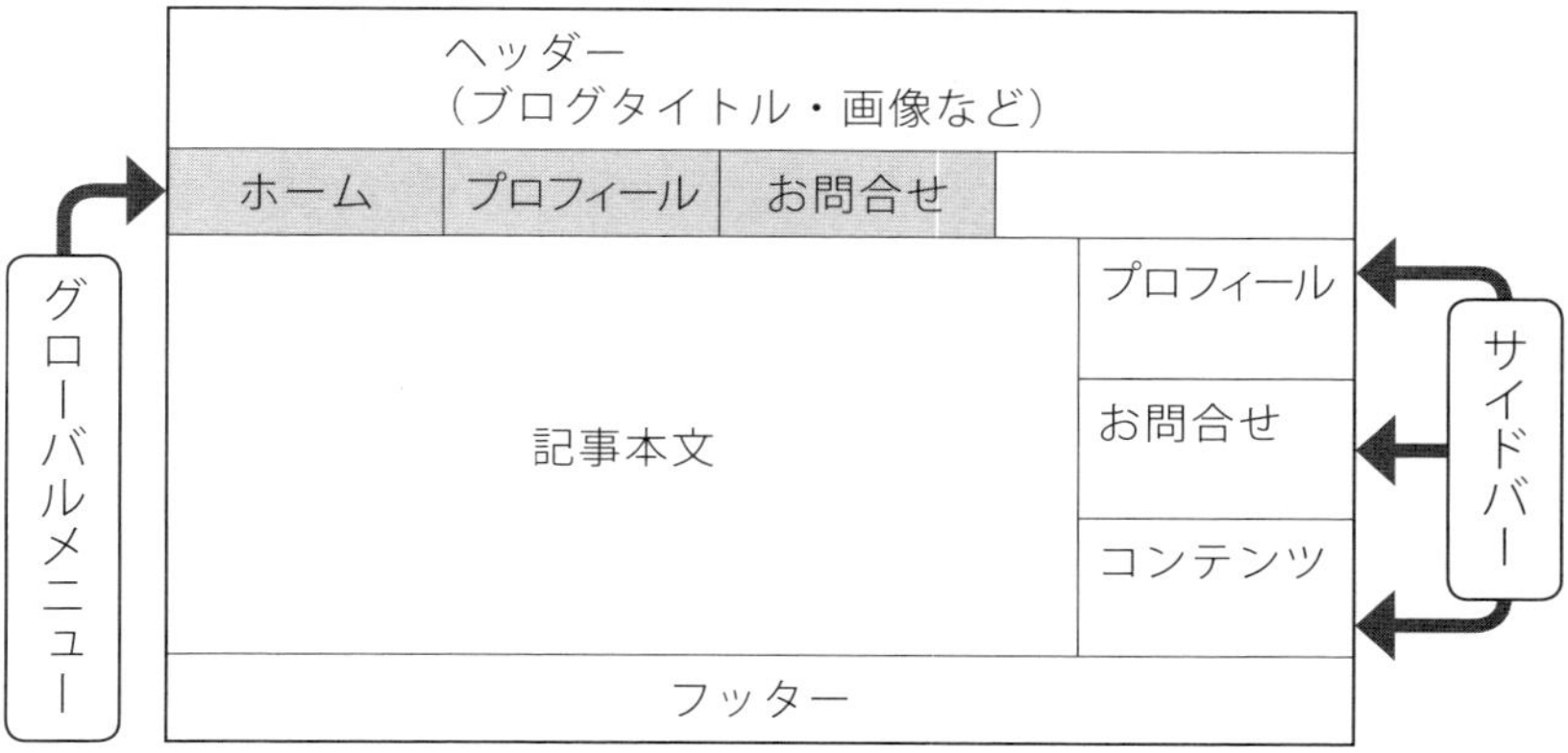

や問い合わせができないでいる人がたくさんいるのではと考えて、少しでも気軽にメッセージを送っていただけるよう手を施しました。

本当は、うつ病で「誰にも会いたくない、話したくない」という状態がまだ続いていたんです。けれど、私がなりたいのは、遠い存在ではなくて、近くの先輩。それに、一度メッセージをくださってやり取りが生まれた方とは、信頼関係が生まれてその後もおつき合いが続くこともわかりました。だから、メッセージを送ったりお問い合わせをする時に感じる心のハードルをできるだけ小さくしようと努めました。

ブログにお問い合わせフォームを設置したページを作るのは定石ですが、**私は、フォームの上に書く文章を「ブログ運営者にメッセージを送るのは気が引けるかもしれないけれど、どんなお悩みでも、感想でも、雑談でも、とにかく送ってもらえたらとても嬉しいし、必ず、心を込めてお返事します」と記載しました。**もちろん、その問い合わせページへは、サイドバーやグローバルメニューからアクセスできるようにしました。さらに、すべての記事の一番下に、「メッセージをもらえたらとっても嬉しいです！」という文章と一緒に問い合わせページへのリンクを貼りました。

本当は、ちょっとだけ怖くもありました。

批判的なメッセージが来たら？　自分にわからないようなお問い合わせが来たら……？

そんな不安もありました。が、とにかく、自分が手に入れたい未来のためなら何でもやろうと決めて、実行しました。当時はこんな小さなことでも、ものすごく勇気を振り絞らないとできなかったんです。


結果、とても嬉しいメッセージをたくさんいただくことができました。例えば、

●ほかのブログを見てもわからなくて困っていたことができた！
●あなたのブログはとても居心地が良いから好き！
●これからも更新を楽しみにしています
●おかげで、ブログの構築ができました！
●初心者講座をすべて印刷して勉強しています

などなど。


時には、いただいた質問に答えるために、たった一人のために徹夜で解説書を作ってお送りしたこともありました。わからないことを聞かれた時には、必死に調べてできるだけお返事しました。どうしてもわからない場合は、

「ごめんなさい、私は経験がないので……調べてみたけれどわかりませんでした」

と正直にお答えしました。

お返事を書く時には、「お問い合わせありがとうございます」という一言も、必ず添えるようにしました。

そうしていくことで、さらに
「こんなに丁寧にお返事をもらえたのは初めてです！」
「ここまでしてくれるなんて、感動しました！」
わからないとお返事した方からも
「わざわざ調べてくださってありがとうございます」
と、嬉しいお返事をいただくことができました。まだ、自己アフィリエイト以外の収入はまだ発生していなかったけれど、どんどん、ビジネスが楽しくなっていきました。

心の底で不安だった批判的なメッセージは、まったくありませんでした。

そうですよね。よく考えてみたら、読者さんは記事が気に入らなければすぐにそのブログを閉じて、ほかの情報を探しに行ってしまいますから、わざわざ批判をする時間は割かないんです。そもそも、関心を持たないんですね。

もし批判的なコメントに出合ったとしても、その人はちょっと変わった少数派だと思っていればいいんです。

ステップメールをセットしてランディングページを公開

ブログが形になり、ある程度記事が溜まり、お問い合わせなどの反応も来るようになった段階で、メルマガ登録用のフォームを設置した【ランディングページ】を作りました。

ランディングページというのは、縦長の1カラム（サイドバーなどがない）のページのことで、読者さんに、そのページに書いてあることだけを、上から順番に読んでもらうために、サイドバーなどの余計なリンクはあえて表示させないようにします。

メルマガ登録用のページなら、読者さんがアクションする場所は登録フォームだけ、販売用のページなら、購入ボタンだけ、というように作ります。いろいろなランディングページをひたすら見て回って、共通する構成要素を抜き出して、それを自分なりに書いていきました。

実績画像は、自己アフィリエイトの成果だけ。華やかな実績を載せて惹きつけることもできないし、【絶対稼げます】なんてことも、胸を張って言えない。有名アフィリエイターさんのランディングページを見て、「私には書けない！」ということがあまりにも多くて

圧倒されそうでしたが、

●とにかくやる！

●自分にできることは取り入れる

●真似できなければ、「じゃあ自分にできることは？」と考える

と割り切って書いていきました。

実際悩みながらの作業で、書き上げるまでには半月くらい時間がかかりましたし（まさに亀の歩み！）、でき上がったものも、とてもおしゃれなデザインとは言えませんでした。が、とにかく、このランディングページへのリンクをブログのサイドバーやグローバルメニュー、すべての記事の下に貼りつけました。これで登録されれば、いよいよメルマガの開始です。

ただ、当時私はまだうつの調子が良かったり悪かったりで、作業できる日と、まったくできない日がありました。不調な時には、メルマガの読者さんができても、毎日メルマガを配信する自信がなかったのです。そこで、**【ステップメール】として、15通くらいのメルマガを先に書いてからランディングページを公開しました。**

【ステップメール】とは、あらかじめ書いておいたメルマガを、登録してくださった方に順番に自動的に配信していく仕組みを指します。今日登録した方も、明日登録した方も、

1週間後に登録した方にも、準備しておいたメルマガが1通目から順番に配信されていきます。したがって、もし登録者さんが出ても、ステップメールが流れている間は猶予があるわけです（**図3**）。

ステップメールで紹介したい物は、もう決まっていました。私自身が参考にして、取り組んでいた教材です。その教材の制作者の方が大好きで、運営されているコミュニティも大好きで、私がここまでやってこれたのはその教材のおかげだったから。自己アフィリエイトを教えてくれたのも、読者さんとのコミュニケーションを大切にすることを教えてくれたのも、その教材と制作者の方でした。そんなこともあって、絶対にその教材を紹介したかったわけです。

図3　ステップメールの仕組み（例）

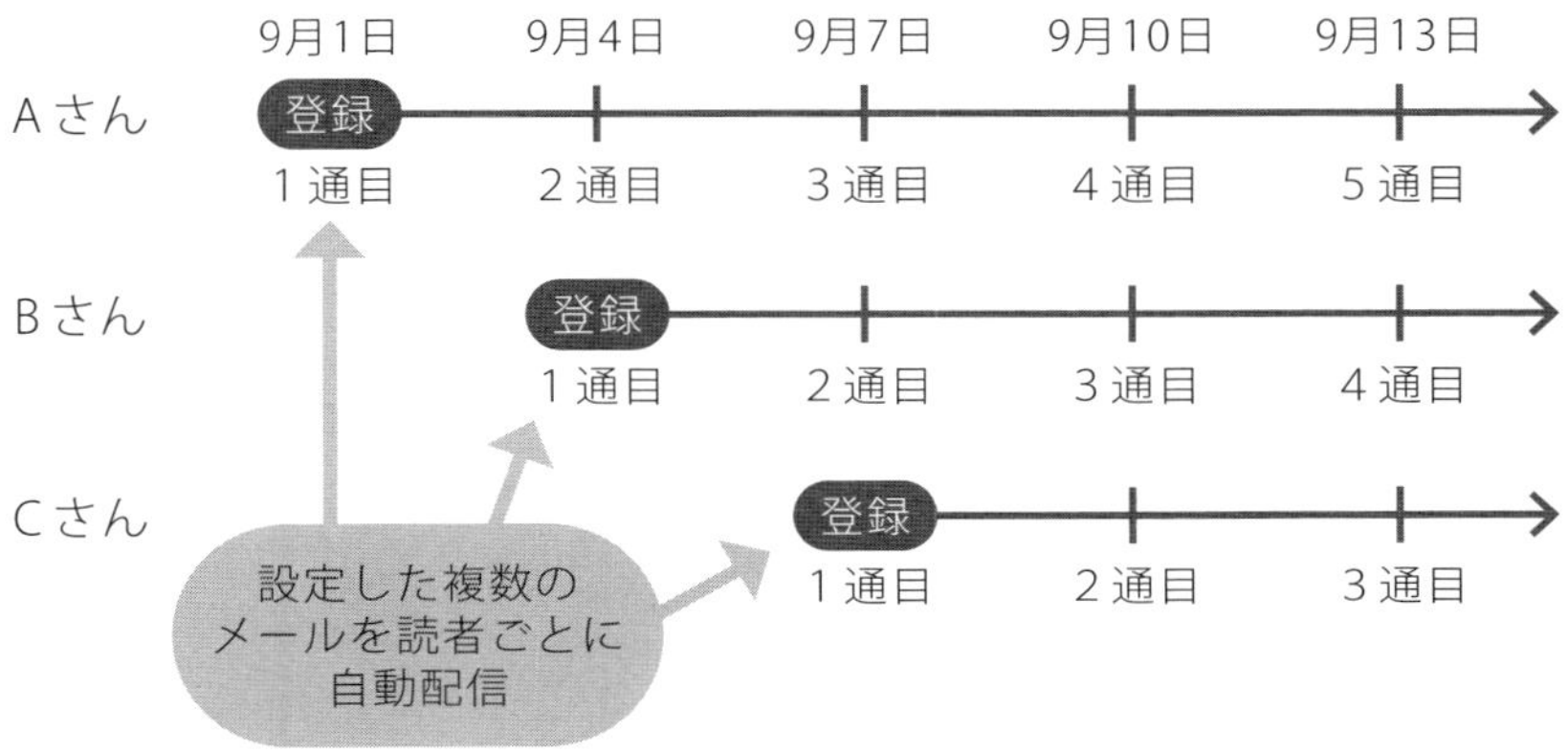

本当は、販売経験のない人間がいきなりステップメールを作るのは危険だということも承知していました。私が実践していた教材でも、「まずは、手動メルマガで販売を何度か経験してから、上手くいった流れをステップ化するのがよい」と解説されていましたし、私自身もこれまで多くの方のステップメールを見てきて、そう実感しています。

けれど、その時は【とりあえずの時間稼ぎ】のつもりでステップメールを作りました。売れなくて当たり前、とにかくスタートを切ろう。やり直しは何度でもできる。そう考えたんです。

ステップメールを作るにあたっては、私自身ネットビジネスを始める前に熱心に読んでいて、「ネットビジネスをやりたい！」「紹介されている教材を買いたい！」と感じさせてもらったものを参考にしました。実際その方のメルマガ経由で教材を購入していたので、

- どうして、この人から買おうと思ったのか？
- どんなふうに、私自身の心が動かされたのか？

を、私自身も改めてもう一度味わってみることにしたのです。

すべて印刷して赤ペンで書き込みをしながら、話の流れをチェックしたり、1通1通に込められた意図を考えたり、細かい表現やエピソードを見て、「この文は何を目的にしてい

るのか」「読者にどんな気持ちになってもらうために書いているのか」を探っていきました。

「最初の1通では、プレゼントを渡して自己紹介と実績紹介をしているな」
「この1通では、アフィリエイトというものについて解説して、誤解や怪しさを払拭しているな」
「この1通では、行動の大切さを説いているな」
「この1通では、投資の大切さを説いているな」
「この1通では、インターネットビジネスで収入が得られるようになった先の未来を見せて、【自分もそうなりたい！】という気持ちにさせているな」……

このように、大まかな流れを参考にして、細かいエピソードや表現は自分なりに変えていきました。

ここで悩んだのが、またしても【実績】。私が参考にしたステップメールの作者の方は、億単位で収入のある、とてもすごい実績の持ち主だったので、文章の中にもそのことが見せつけるように何度も書かれていました。

ネット上に仕組みができ上がっているので、寝ている間、旅行している間にも収入が発生していること。毎日好きなことだけして生きていても、使いきれないくらいのお金がどんどん入ってくる様子等々。

まだ自己アフィリエイトでしか収入を得ていない私には、とても真似できなかったのです。

「やっぱり、実績がないと惹きつけることはできないのかな……」と、数日間手が止まってしまったこともありました。

でも、ブログを作った時だって、同じように実績がないことに悩んだけれど、今の自分にできることは何かを考えて愚直に実践したら、嬉しいメッセージをいただくことができた。私のブログが好きだと言ってくださる方もできた。それに、この大御所の方だって、最初から理想的な状態だったはずがない。最初はゼロからのスタートだったはず。だから、きっと道はある。**初心者さんに近い存在の私だからこそ書ける文章があるはず**。そう考えを切り替えて、自分に書けることを探しました。

「●家族との時間、自分の時間も大切にしながら、経済的にも安心な暮らしをしたい」

そう思ってネットビジネスを始めたこと

●読者さんにも、未来に希望をもってもらいたいこと

●まだ大金を稼ぐところまでは行っていないけれど、心は自由になって、家族との

生活を楽しんでいること
●やる気はあるのに、パソコンが苦手なために前に進めない人を助けたいこと
●自宅で、パソコンを使ってインターネットの世界で収入を得る、そんな生き方があることを知ってもらいたい
●ゼロスタートの超初心者でも、一つずつ積み重ねていけばできると希望を持ってもらいたい

そんなことを伝えていこうと決めました。私が、インターネットビジネスの存在を知ってワクワクと未来への希望が湧いてきたように、読者さんにもワクワクしてもらいたいと強く思ったのです。

それと合わせて、自分自身が痛感してきた、【とにかく恐れずに行動する】ことの大切さや、【誰に学ぶかが大切】だということ、【紹介している教材がどれだけ好きか、なぜ好きなのか】、そんなことも、伝えていきました。

こうして、**15通ほどのステップメールが完成し、ひと通り、自分が大好きだった教材の紹介までができるようになったところで、作っておいたランディングページを公開しました。**

いよいよ、メルマガの開始です。

ネットビジネス参入から半年 ようやく無料レポートを書き上げる

ここまでの道のりで、教材を購入してからすでに半年くらいが経過していました。まだ、準備ばかりでメルマガ読者さんは一人もいない状態。もちろん、自己アフィリエイト以外の収入も発生していません。よく、始めて初月から簡単に大きな収入を得られるようなネットビジネス関連の広告を見かけますが、現実はそんなに簡単なものではありません。作業をしながらそれをしみじみ実感しました。

同じ頃に同じ教材を購入して、同じコミュニティに入ったけれど、2～3か月でいつの間にか消えていった同期の人たちもいました。想像以上に地道な作業に耐えられなくなったのかもしれません。

それでも不思議と私は「やめよう、あきらめよう」という気持ちにはなりませんでしたし、「もっと簡単に稼げる方法はないかな」なんてことも考えませんでした。不安もたくさんあったし自信なんてまったくなかったけれど、未来へのワクワクのほうが大きくて、少しずつでも、自分にできることが増えていく感覚が楽しくて、調子が悪くて寝ている時間、家事の時間以外はすべて作業にあてていました。

ドキドキしながらメルマガ登録用のランディングページを公開しましたが、すぐには読者さんの登録はありませんでした。「ブログからの集客は時間がかかる。教材の販売者さんが言っていた言葉は確かに本当だなぁ。毎月のメルマガ配信スタンド代もあるし、このままじゃいけないな……」

そう思って**私が次にしたのは、【無料レポートを作って無料レポートスタンドに掲載すること】でした。**

無料レポートというのは、自分が決めたテーマに関するノウハウを、1通のレポートにまとめたものです。学校で書くレポートみたいなもの（ただし、紙ではなくてパソコンで作ったものです）。それを無料レポートスタンドというところに掲載します。すると、そこにやってきた人が興味を持ってダウンロードしてくれる。ダウンロードした人にはメルマガを送ってよい、という決まりになっています。

実は、私が参考にしていた教材では、「ブログ集客は時間がかかるから、先に無料レポートを作って提出しよう」と解説されていたのですが、私はなんだか腰が引けてしまって、レポート作りを後回しにしていました。

「何を書いていいのかな」

「自分なんかに人様に教えられることなんてあるのかな」

「初心者に毛が生えた程度の私が、誰かに何かを教えるなんておこがましい……」

「私なんかが……」

そんな思いが壁になっていました。今では、レポートを作るということも当たり前のようにできるようになりましたが、最初はこんな調子で、いろいろなことに、とにかく臆病風を吹かせていたのです。

でも、やりたくないこと、自信がないことを避けて通っていたら前に進めない。やれと言われたことはなんでもやらなきゃ。

「格好の悪いレポートでもいいじゃないか！」

「ダウンロードされなかったらそれまで。命を取られるわけじゃなし！」

そう自分に言い聞かせて、ようやく重い腰を上げました。


「でも、自分がレポートに書けることっていったい何だろう？」

そう考えてみると、やっぱり、ブログと同じように、自分自身がこれまでやってきたことしかないんですよね。ということで、まず最初に、自己アフィリエイトの手順をまとめたレポートを作りました。

同じテーマのレポートはすでにたくさんあって、目新しくもなんともなかったけれど、その中でも、どのレポートよりも初心者さんに一番優しい、わかりやすい解説をしよう。

パソコン教室に勤めていた頃の、あの生徒さんでも、私のレポートの通りにやったらできるような、そんなレポートにしよう。そう思って同じテーマのレポートをたくさんダウンロードして、どんな内容なのか確認していきました。

見てみるとどれも、解説が面倒なところは省略していたり、【パソコンができる人】向けで親切さが欠けていたり。後発の私でも「勝てる!」と思えるところがありました。そこで、とにかく時間がかかっても、画像をたっぷり入れて、動画も使って、解説していきました(解説動画の撮影は初めてだったので、ここでもたくさん調べました)。

同じ教材に取り組んでいる人たちが、週に1本のペースで無料レポートを提出している中で、1か月近くもかけてようやく1本のレポートが完成しました。自分の作業の遅さに情けなくなったり、焦りを感じたことも何度も何度もありましたが、手は抜きたくなかったのです。

丁寧に作った甲斐があって、生まれて初めて作った無料レポートは、掲載されて数日で70ダウンロードされ、とても嬉しかったことを覚えています。やっぱり、人が面倒がってやらないことをあえてやることで、それを喜んでくれる人がいるのだと思いました。それに、作業スピードを人と比べるなんてことも、意味のないことだと今では思っています。自分自身で最大限できることを続けていたら、自然とスピードも上がっていくんですよね。

最初の1本が作れたら、もう、無料レポートに対しての心の壁はなくなっていました。なんでも、やってみる前が一番壁を感じるものですが、その壁って、自分自身が心の中で勝手に作り上げているものだったりします。**実際には壁なんて存在しなくて、自分の心のメガネに、壁が映り込んでいるだけなんです。そのことに気づいてメガネを外してみたら、意外となんでもできるものなんですね。**

自己アフィリエイトのレポートの次は、ワードプレスを使ったブログ構築のレポート。これは、ブログ記事で手順を細かく解説していたので、レポートのテンプレートにコピーして体裁を整えるだけで完成しました。

その次は、自分が無料レポートを作った経験をもとに、無料レポートの作り方を解説するレポートを作成。これは、大作になったので3本立てにしました。

その次は、自分が使っているツールについてのレポート。このようにして、自分自身の足跡を、まずブログ記事にしてからそれをまとめてレポートにして提出する、というルーティンを繰り返していきました。

そして参入7か月半後ついにこの日が来た!!

無料レポートがダウンロードされたら、いよいよその方たちに向けてメルマガ配信の開始です!

でも、無料レポートスタンドにやってくる人の中には、レポートだけが欲しくて、メルマガは要らない、むしろ迷惑だ、という人が一定数いらっしゃいます。そういう人たちにメルマガを送り続けて、迷惑メールとして報告されてしまったら、メルマガの到達率が下がってしまいます。

そこで、私はレポートをダウンロードしてくださった方に、まず1通のメールを送り、自己紹介と「こんなメルマガを配信します!」ということをお話しして

【続きのメルマガも読んでみようかな~という方はこちらから本登録をお願いします】と一言添えた上でメルマガ登録用のランディングページのリンクを貼り、改めて本登録していただくように促しました。このようにして、自分の意志で登録してくれた人だけにステップメールが流れるようにしました。本当に興味を持って読んでくれる方だけに届けたかったんです。

ところが、最初にダウンロードしてくれた70人のうち、本登録してくれたのは3人だけ。70人中3人。本登録率4％。ここでまた一つ厳しさを知りました。

それでも……。

【半年間ブログだけをやって来て読者さんが一人もいなかったのが、レポート1本で3名の読者さんができたんだから、一歩前進！】

そう自分に言い聞かせて前を向きました。とにかく、転んでも転んでも前を向く【ねちっこさ】だけは、あったんですね。

そこから約1か月半後、アフィリエイトの教材を震える指で購入したあの誕生日から数えて7か月半後に、初めて、メルマガの読者さんが私から教材を購入してくださることになります。

しばらくの間は、ブログを更新して、記事が溜まってきたらそれをレポートにまとめて無料レポートスタンドに提出し、集まったメールアドレスに本登録用のメールを流すことを繰り返していきました。ひたすら地道な作業。

それと一緒に、いろいろと工夫もしていきました。

まず、本登録のパーセンテージを上げるために、本登録（オプトイン）用のメールを工夫しました。

●メルマガの内容に興味を持ってもらえるように、コンセプトをしっかりと語る（何度も何度も書き換えました）
●本登録者用のプレゼントを作って、登録していただいた方には「こんなプレゼントがありますよ！」と伝える（それまでに作った無料レポートを再利用しました）
●さらに、メルマガ内で随時プレゼント企画をやります、と予告する（内容は決めていませんでしたが、少しでも魅力を感じてもらうための苦肉の策でした。結局、書籍プレゼント企画を時々行うようにしました）
●メルマガ登録用のランディングページにも、同じようにプレゼント企画の旨を書き加えていく（プレゼントが魅力的に見えるように表現を工夫しました）
……etc.

本登録者さん用のプレゼントは、これまでに作成した無料レポートたちです。一つ作るごとに、プレゼントとして追加していきました。最初は自己アフィリエイトのレポート一つからスタートして、ワードプレスブログ構築のレポート、無料レポートの作り方のレポート、メルマガの配信方法のレポート……

同じレポートを無料レポートスタンドからダウンロードした方には同じプレゼントを届

けてしまうことになるのですが、それしかプレゼントできるものがなかった私は、開き直って使い回しました。

とにかく、今の自分にできることをやりきるスタンスで貫き通しました。結果的には、クレームは一度もありませんでした。意外と、レポートをダウンロードしても読んでいない方や、登録プレゼントに惹かれて登録しても、見ない人もいるんだなと身をもって理解しました（これが、ノウハウを集めても結果が出せない人が多い理由でもあるのですが……）。

マルコからあなたに伝えたいこと その2

お伝えしてきたような感じで**結果を見ては検証と改善を繰り返していくうちに、本登録率は4％から20％を超えるようになりました。**

❶まず行動
❷結果を受け止める
❸検証と改善
❹結果を見る
❺また検証と改善

この繰り返しが大切なんですね。ブログの記事数が増えていくにつれアクセスも増え、ブログからもポロリ、ポロリとメルマガへ登録してくださる方が出てきました。

また一つ、壁を乗り越えたんです。

最初は、ブログを作るという壁、次は、無料レポートを作るという壁、そして、メルマガ読者さんを獲得するという壁。次は、いよいよ、販売したい教材を購入していただく最大の壁が待ち受けています。

メルマガ登録者と信頼関係を築くために最も大切なこと

メルマガへの本登録がある程度されるようになってから、一番の目標にしたのは、【とにかく読者さんと接点を持つ！】ということでした。

圧倒的な実績があれば、それを見せるだけで【すごい人だ！】と思って信頼してもらえますが、これと言って目を引く実績もない私です……。とにかく【関係値】で勝負するしかないと考えました。そして**信頼してもらうには、一方的に送りつけるメールマガジンだけではなくて、個別にやり取りをして私自身を知ってもらうしかない**。そのために、手間を惜しまずいろいろな工夫をしていきました。

本登録してくださった方には、メルマガ配信スタンドからの自動返信メールとは別に、手動で一人ひとりにお礼のメールを送りました。敢えて、売り込みなどはせずに、感謝の言葉とちょっとした世間話程度のメールです（**図4**）。

もちろん、反応がない方もいます。というか、どちらかというとお返事のない方の方が多かったですが、とにかく続けました。そうすると、何割かの方は、「個別のメールが届

図4

○○さん、こんにちは！

マルコです＾＾

このメールは、○○さんだけに
個別にお送りしています。

この度は、私のメルマガにご登録くださって
本当に、本当に、ありがとうございます（#^.^#）

○○さんの理想の未来の実現に
少しでも、お役に立てましたら幸いです。

何か、疑問点や聞きたい事などありましたら
どうぞお気軽に、お返事を下さいね。

梅雨も、そろそろ終わりですね。

私が住んでいる岡山県は、晴れの国と言われるだけあって
もうすでに夏のような暑さです（^^;）
○○さんのお住いの地域は、いかがでしょうか？

これから、梅雨があけてどんどん暑くなると思います。
熱中症などにはくれぐれもお気をつけてくださいね。

それでは、今後とも
どうぞよろしくお願いいたします。

マルコ

くとは思わなかった！」と喜んで返信をしてくださって、その後のメルマガにもお返事や質問をいただけることが増えました。

そして、メルマガ自体は、ステップメールが自動で流れていく状態だったのですが、その**ステップメールの一通一通の最後には、必ず読者さんへの問いかけをして返信を促す言葉を添えていきました**。決まり文句のような定型文ではなく、話の流れに合わせて毎回言葉を変えて。

最初の登録御礼のメールでコンタクトが取れた方は、ステップメールの問いかけにもお返事をくれることが多かったんです。

お返事の中に質問や疑問、不安、相談事などがあれば、とにかく時間をかけて丁寧に返信をしていきました。数行のメッセージにも、倍以上の長さのお返事を書きました。慣れないうちは考えすぎて、一つお返事を書くのに1時間以上かけたこともあります。

さらに、**【読者さんノート】というものを作って、やり取りをした読者さんのお名前ややり取りの内容などを記録していきました**。お仕事、家族構成やペットの名前、お子さんの高校受験の日まで。

同じ読者さんからメールが届いた際には、そのノートを見返して、

「〇〇ちゃん（ペットの名前）はお元気ですか？」

「お子さんの受験はどうでしたか？」

「○○さんのお仕事は、今の時期お忙しいと思います。そんな中でお返事をくださってありがとうございます」

などとつけ加えるようにしていました。


……これまたネットビジネスのイメージの【自動収入・不労所得】とはかけ離れたイメージですが、これを地道に続けていくと、

「こんなに丁寧に返信してくれた方は初めてです！」

「こんなことまで覚えていてくださったなんて、感激です！」

という嬉しい言葉をいただけるようになりました。


私がこんなことをやろうと思ったのは、インストラクター時代の経験からでした。私が勤めていた教室では、担任制度というものがあって、生徒さん一人ひとりに担任のスタッフが付きます。そして定期的に面談をして、学習のプランを組んでいくのですが、その時に「担任は、生徒の方のことは、パソコンスキルだけでなく、生活背景まで記憶しておくように」と教育されていました。

そうやって、教室での何気ない会話の中でも、その人のお誕生日にはおめでとうと言ったり、ご家族の記念日には声をかけたりすることで、より一層生徒の方との信頼関係が厚くなり、教室に通うことを楽しみにしてくれるようになるんです。

行きつけのお店で、自分が話した些細なことを覚えてくれていると、とても嬉しいものですよね。逆に、一度話したことを忘れられていると「あんなに一生懸命話したのにな……」とがっかりします。

人は、自分に関心を寄せてくれる人に好意を持つんです。インストラクター時代に生徒さんとかかわる中で培ってきたことが、ここでも役に立ったのでした。

さらにさらに、**お返事を書く時には、文章の中に、ちょっとした質問を込めることも意識しました**。本当にちょっとした質問です。

例えば、「今日の岡山（当時私が住んでいたのは岡山県でした）はとても寒いですが○○さんのお住いの地域はいかがでしょうか？　風邪などひかれませんように」など。読者ノートを見て、「あの時はこんなことで悩んでいらっしゃいましたが、今はどうですか？」などと声かけをしたりもしました。

ちょっとだけ、本当にちょっとだけ、「またお返事くれたら嬉しいな」という期待を込めて。でも、過度な期待もしないように。

そして、読者の方から疑問・質問や不安に感じていることなどをいただいたら、それに対する私なりの答えをステップメールに組み込んでいきました。きっと、同じ疑問や悩みを持っている読者の方はたくさんいるはずですから、その悩みに応えることで、もっと、【読みたいメルマガ】になるはず。そうやって、読者さんのニーズを回収しながら、どんどん、ステップメールの改善を繰り返していきました。

すると、少しずつ、少しずつ、お返事をいただくことが増えて、

「マルコさん（私のハンドルネーム）のメルマガだけは欠かさず読んでいます！」

「今日のテーマはまさに今、自分が不安に思っていたことでした！　私の心を読まれているのかと驚きました！」

などと言っていただけるようになりました。

【プレゼント】【スカイプ】…直接対話企画で心の距離を縮める

メルマガ読者さんとの距離を縮めるためいくつか企画を立ち上げたのですが、その中で好評だったものの一つに**【書籍プレゼント企画】**があります。ビジネスの世界で有名な書籍や、自分が読んで気に入った書籍などを、数冊限定で読者さんにプレゼントするというものです（今も時々行っています）。

まだアフィリエイト収入のなかった当時の私にとっては、プレゼント用のビジネス書を何冊も購入するのはちょっとした投資でしたが、これも、「交流したことのない読者さんと接点を持つきっかけになれば」と思い企画しました。

初めて企画した時は先着順で5冊のプレゼントを用意しました。正直なところ、「応募が全然なかったらどうしよう……」という不安のほうが大きかったのですが、やってみると10名以上のご応募がありました。

そして、当たった人はもちろん、落選した人にも一人ひとり連絡をしました。

「一番乗りで当選です！　おめでとうございます！」

「6番目でした！　惜しかったです～～次回は是非！」

このように全員にメールを送ることで、何名かは落選した人もお返事をくださいました。これで、それまでメルマガにお返事をくださったことのなかった方と、新たに接点を持つことができたんです。もちろん、当選した方には、住所を教えてもらうために連絡をする必要がありますし、その後も発送が完了したら連絡して、「無事に届いたら連絡ください！」とお願いをして。同じ人とできるだけ何度もやり取りをするようにしました。

もちろん、プレゼントに応募してくださったこと、当選したのか、落選したのかも、読者さんノートに記録して、次のプレゼント企画の時には、

「前回は落選でしたけど、今回は当選です！」

「今回もご応募くださって、ありがとうございました！　でも、残念ながら……」

などとお返事をしていました。

一度接点を持つと、心の壁が外れて、その後も気軽にメールをくれるようになることが多いのです。そうやって少しずつ、読者さんとの交流を広げていくうちに、私が紹介している教材についても、興味を持ってご質問をいただけるようになっていきました。

「あと一歩だ」と思いました。

もう一つ行ったのが、**【スカイプで直接お話ししませんか？】という企画です**。

内心では「答えられないようなことを聞かれたらどうしよう……」とか、そんなことを考えて緊張しまくりで吐きそうなくらいだったのですが、**直接会話をすることは、メールのやり取りよりも信頼感が一気に高まる**という教材販売者さんのお話を聞いて「やるしかない！」と覚悟を決めました。

初回の募集では、7～8人の希望者がありました。すでに、メールでのやりとりがあった方だけでなく初めての方も何名か申し込んでくださいました。ここでも、新たな接点を持つことができたのです。人によってそれぞれ、惹きつけられるポイントが違うんだな、ということをこの時学びました。私自身は、直接話すのは気が引けてしまう臆病者なんですが、メールよりも直接話すことに魅力を感じる方もいらっしゃるんですね。

朝一人、昼一人、夜一人、といった調子で、どんどんスカイプで通話をしていきました。もう最初は本当に緊張してしまって、約束の時間の数十分前からパソコンの前で貧乏ゆすりをしながらドキドキしている有り様で、一日が終わったらぐったりでした（笑）。

でも、人って慣れるんですね。こんな筋金入りの人見知りな私ですが、今では初めての方と通話することも、当たり前のことになりました。

【何でも、とにかくやってみる】そう意識していると、最初は怖くても、続けていれば息を吸って吐くようにできるようになるものなんです。

そして、実際にやってみると、恐れていたような難しい質問などもなく、お話しした方全員にとても喜んでいただくことができました。どちらかというと、私が話すよりも相手の話を聞く場面のほうが多かったです。

今、どんなお仕事をして、どんな状況なのか。なぜネットビジネスに興味を持っているのか。ネットビジネスで収入を得てどんな未来を得たいのか。そんなお話をたくさん伺いました。それだけで、喜んでいただけたのです。もちろん、読者さんノートにメモしながら聞いていました。

【人は、話を聞いてもらいたいのだ】ということをその時学びました。
【恐れるほどの難しい質問なんか、来ない】ということも。

そもそも、最初からブログも、レポートもメルマガも、自分より後輩の方に向けて書いていたので、読者さんの中に上級者はいなかったんですね。聞かれたのは私でも答えられることばかりでした。

「マルコさんのブログのあの部分は、いったいどうやっているんですか？」

「どうやって、家族の理解を得たんですか？」等々…。

自分が経験してきたことですから、答えられますよね。発信している内容によって、読者さんの層も変わってくるんです。だからこそ、最初にターゲットを定めることがとても大切だったんです。


そうやって聞き役に徹し、時折飛んでくる質問にお答えしているうちに、最初は固い感じで話し始めた相手の方も、段々と警戒心が和らいで楽しそうに饒舌になっていくのが伝わってくると、私もとても嬉しくなって、緊張がほぐれていきました。

中には「もう、マルコさんが勧めるものだったらなんでも買っちゃいそうです♪」と言ってくださった方も（そして実際に、教材を購入してくださいました）。


やはり、直接話すと親近感や信頼感が一気に増すのですね。

パソコンの向こう側には間違いなく【感情を持った人】がいる

このように、ステップメールを流しつつ、どんどん改善も加えていきながら、同時に、とにかくこちらから積極的に読者さんと接点を持つ、ということを繰り返していった結果、ついに初成約の時がやってきました。

震える指でネットビジネス教材の購入ボタンをクリックしてから7か月半、無料レポートを作りメルマガを配信しはじめてから1か月半のことです。頻繁にメールで交流をしていた方から「マルコさんから買います」とメッセージが来て、その言葉通り直後に成約通知が！

胸の奥から熱いものが湧き上がってくるような「うおぉぉぉぉーーーー！」という感動でした（実は、本当に鼻血が出たのは秘密です）。

「マルコさんから買います！」

この言葉が何よりも嬉しかったです。他の人ではなく、私からと言ってくれた。私を信頼してくれたんです。

それからしばらくして、紹介していた教材（つまり、私自身が実践していた教材）は販売終了になったのですが、それまでに11名の方が私から購入してくださいました。

最初に成約したのは、メルマガ読者さんが17名の時。決して突出した数ではありませんが、気がつけば、その方たちのほとんどが、読者さんノートに記録されていました。

そして、その後に私から教材を購入してくださった11名の方も、全員がメールのやり取りやスカイプなどで交流があった方でした。

１００名以上の読者さんがいても１件も成約できずに苦しむ人がいる中で、わずか17名で初成約を達成することができたのは、やはり、大きな実績を見せて信頼を勝ち取ることができない代わりに、**とにかく交流を重ねて関係値を築くことを目指したからだった**と思うのです。

それから…。私はどうやら、人見知りだけど人が大好きみたいです。

誰とも直接関わらずに家にこもってネットの世界で収入を得たいと願って始めたビジネスですが、いつの間にか、ブログやメルマガの読者さんと交流することが本当に楽しくなっていました。誰かに喜んでもらえることが何よりも嬉しいのです。だから、「どうしたら喜ばせられるか？」をいつも考えていたように思います。

この世界では【ビジネスは価値とお金の交換】【価値ある情報を提供することで対価を得る】という言葉をよく聞きますが、もっと簡単に言ってしまえば、**パソコンの向こう側には間違いなく【感情を持った人】がいて、その人に喜んでもらえるにはどうしたらいいか？を全力で考えて実行していく。それが、価値を提供するということなのだと思うのです。**

その後、得た実績を画像としてブログに掲載し、教材を11本成約するまでの道のりもまたレポートにし、作ったレポートに手を加えて商材の購入特典にして、販売用のページも検証と改善を重ね、ステップメールも少しずつ手を加えて、今は、交流のない方からも購入していただけるようになりました。ブログもある程度育ったので、今は記事をほとんど更新していなくても毎日メルマガに登録していただいています。ステップメールも、2か月分くらいはストックがあるので、登録から2か月間は何もしなくてもメルマガが流れ、商材が売れていきます。いわゆる、【自動化】という状態です。

でも、**私が【自動化】できたのは、初期の頃にたくさんの方と交流をさせていただいて、望みや悩み、不安や疑問に感じることをたくさん吸収したからこそだと思っています。**

人は、感情が強く動いた時に物を買うという行動を起こしますが、その感情の動きを知るには、直接交流することが一番の近道だと思うのです。ややこしい販売心理学の本を読んだり、表面的なコピーライティングを学ぶよりも、きっと確実なんです。

今では、初期の頃ほど交流をたくさんすることは物理的に難しくなり、できなくなってしまったこともあります。読者さんノートをつけることも、さすがにできなくなってしまいました。でも、やっぱり私は人が好きなんです。だから、今でも、パソコンの向こうの【人】を大切に、喜んでもらえるにはどうしたらよいかをいつも考えています。

「あなたから買います」

「あなただから買いたいと思いました」

「あなたとこれからも繋がっていたいから、あなたから買います」

こんなふうに言っていただけることの幸せを、あなたにもぜひ味わっていただきたいと思うのです。


そして、そのためには、**最初から【自動化】や【不労所得】を目指していてはいけないとも思っています**。ネットビジネスを勧める人の中には【自動化】【不労所得】を強調して、いかにも簡単に大金を得られるような虚しい夢をもっともらしく語る人たちも多いですが、それは簡単さを演出して惹きつけようとしているだけ（【簡単さの演出】は、販売心理でもひんぱんに使われている言葉です）。そんな甘い言葉を信じて飛び込むと、現実とのギャップに心が折れてしまいます。

読者さんの心情やニーズを肌で知ること。まずは、地味で地道な作業を積み重ねること。それができないうちにいきなり自動収入なんて、発生しないんです。

こんなことを言うと、すごく敷居が高く感じてしまうかもしれませんが、この道のりは私にとっては楽しいものでした。日々、少しずつでも成長している自分を実感できること。読者さん一人ひとりに心を込めてメッセージを送ること。それを喜んでくださる方がいること。これらすべてが楽しかったんですね。

もちろん、焦りや不安もありました。ブログを公開するまでに何か月もかかったこと、苦労して公開しても1記事更新するのに何日もかかったこと、わからないことを調べるのに何日もかかったこと。無料レポート作成から逃げていた頃、ようやくレポートを作成したけれど、メルマガへの本登録がほとんどなかったことなど。

時には、出口の見えないトンネルの中にいるようで、「本当に出口はあるのかな?」と疑いたくなることもありました。小石につまずいて転んだり、水たまりにはまって泥んこになったような気分になることも。でも、**転んでもまた前を向いて歩き始めたら、確実に出口は近づいてくるんですね。**

こうして私はようやく、【販売の壁】も超えることができたのでした。まだまだ十分な収入ではありませんでしたが、トンネルの出口の光が見えてきたのです。

メルマガの読者数のうち、購入に至った方の割合を【成約率】と呼びますが、この時、私のステップメールの成約率は10％程度になっていました。自分ではわかっていなかったのですが、周りの先輩方が、【良い数字だ】と褒めてくださるようになりました。

メルマガ登録から販売までの流れがひと通りでき上がったら、あとは、メルマガへの流入を増やすことに注力すれば、自然と収入は上がっていきます。私の場合は、ブログを更新してアクセスを増やして、無料レポートもどんどん作って…。ツイッターなどのSNSにも力を入れていきました。

また、新規の読者さんだけでなく、購入者さんのサポートをしていくうちに、その方たちがリピーターとしてビジネスに必要なツールを私から購入してくださるようになりました。そこで、購入者さん向けのメールマガジンもステップ化して、それらのツールも自動で販売できるようにしていきました。

マルコからあなたに伝えたいこと その3

ここまでお話ししてきたような経緯で、一番の山場だった初成約から自動化までを達成したわけですが、その中でのポイントを改めて整理すると、

❶初期の頃に、読者さんとの接点を持つ工夫を、自分からどんどん試していった。

❷その結果、読者さんの悩み、不安点など生の声をたくさん聞くことができ、より読者さんに喜ばれるメルマガやブログ記事、無料レポートを作ることができた。

❸作成した無料レポートをメルマガ登録プレゼントや商材の購入特典にすることで、さらに登録率、成約率を上げることができた。

❹どんなことでも結果を気にせずトライし、良い結果も悪い結果も前向きに受け止め、検証と改善を繰り返すことで、徐々に成約率を上げることができた。

この4点に尽きると思います。

特に、初心者さんに多いのが、いろいろな不安が先に立ち、悪い結果を恐れすぎて行動できないことです。

しかし、悪い結果は決して失敗ではなく、一つの経験値にすぎません。【こうしたら、上手くいかなかった】ということがわかったという点では、ある意味成功なんです。

元臆病者の私が言うのもおこがましいですが、**行動しないことだけが失敗、行動することはすべて成功へのステップだと考えて、どんどん行動を起こしていくのが一番**なんです。

そして、最初の段階では、【自動収入・不労所得】という夢は捨てること。

自動化は、読者さんの心情を深く理解するからこそできることですから、読者数が少なく一人ひとりの読者さんと深く関われる初期のうちに、しっかりと向き合って声を聞くことを忘れてはいけないと思います。

需要があるならやらない理由はない

最初に紹介していた教材が販売を終了し、同じ販売者さんが新しい教材をリリースするのをきっかけに、販売用のページも一新して、初めて自分のコミュニティ作りに挑戦しました。私から教材を購入してくださった方をサポートするためのコミュニティです。これも、最初の頃は考えてもみなかったこと。何しろ、集団の先頭に立つのは苦手な気質でしたから（今でもその名残はたっぷりとあります）。

でも、これまでもいろいろなことに挑戦してきたのだから、今度もやってみよう。困ったことが起きたら、それはその時に考えればよいこと。やらなければ、苦労もない代わりに進歩もないんです。最悪、うまくいかなかったとしても、それは経験値が一つ増えるということなんだから、人生の長い流れの中では決して失敗じゃない、と言い聞かせました。最初は戸惑うこともありましたが、都度「じゃあ、どうすれば？」と考えて検証と改善を繰り返し、コミュニティ運営も軌道に乗っていきました。

こうして、少しずつ少しずつ、収入が増えていくようになり、ステップメールからの成約率も27％前後まで上がっていきました。

この頃から、読者さんのメッセージで

「コンサルティングはやっていないんですか？」

「直接教わることはできませんか？」

という声をいただくようになりました。

まだその時は、自分がコンサルティングをするなんてことは考えてもいなかったんです。

ところが、それを尊敬する経営者さんに何げなく伝えた時、その方が急に真面目な表情になって、グッと身を乗り出し、私の目をまっすぐに見つめて、こう言ったのです。

「需要があるのに……、やらないんですか？」

「あっ……はい！　やります！」

私は反射的にそう答えていました。

尊敬する経営者さんとは、私が実践していた教材の制作者さんのことです。当時私は、その方のコンサルティングを受けていました。

読者さんとのスカイプ企画を怖がっていた私に、「いいからやれ」と半ば無理やりにやらせてくれたのもこの方です。コミュニティ運営も、「いいからやれ」（笑）。

いつも、「いいからやれ」と言って、愛ある厳しさで私の背中を押してくれました。そして、恐る恐る言われた通りにやってみると、必ず結果が出るんです。結果が出てから、

「あぁ、やはり正しかったんだ」と気づかせてくれました。

その人が真面目な顔をして「やらないんですか？」と言うのですから、やらないわけにはいかないんです。怖いけれど、不安だけれど、きっと、やればまた何かが見えてくるに違いありません。

だから、「やります！」と答えました。

やると言った以上は、やらないと顔向けができませんから、その後早速コンサルティング募集の準備にかかりました。

コンサルティングは教材に比べて高額になりますし、一対一の濃いおつき合いを長く続けることになりますから、いきなりＷＥＢ上でサービスの購入を迫るのではなく、まず、スカイプ通話の希望者を募り、お話をした上でお互いに納得したらスタートする形にしようと考えました。そして、コンサルティング内容の説明と、スカイプ通話の案内までのステップメールを用意し、通常のメルマガ読者さんの中でコンサルティングに興味のある方はそちらに登録してもらう流れを作りました。

これまでは、スカイプ通話と言っても無料のおしゃべりのようなもので、いわゆる通話でのクロージングは今回が初めてです。またしても緊張の嵐。結果も出したい、けれど自分に合わないと感じる方は受けたくはない。もともと、営業トークは苦手で、ごり押しで勧めるなんてできない。そんな思いでごちゃごちゃになりながら、スカイプ通話に臨みました。最初の通話希望者は3名でした。

結果。3名の方すべてのコンサルティングをお受けすることになりました。金額と内容はすでにステップメールの中で伝えてあったので、それでも通話を申し込む方は、ある程度覚悟ができている方だったんですね。しかも、一定期間、私のメルマガを読み続けてくださっている方ですから、私の考え方や感性に合う人たちだったのです。いやだな、と感じる方はいませんでした。だから、通話では、お相手がどんな未来を望んでいるのかをお聞きして、私ができることをそのままお話しして、コンサル期間や金額の確認をして、あとは私は黙って待つだけ。3名すべての方が、「お願いします」と言ってくださいました。

その後は、コンサルティング成約の流れを、そのままそれまでのステップメールに追加して随時募集するようにしました（今は募集していません）。

ステップ化した後も、スカイプ通話に申し込んだ方はすべて100%の確率で成約し、逆に私の方からお断りすることもあるくらいになりました。

走り続けながら学ぶ人に運命の女神は微笑む

こうして、アフィリエイト収入に加えて、コンサルティングの収入も得るようになった私は、ついにそれまでの最高月収の130万円を上げることができました。それが、ネットビジネス開始から1年と7か月半くらいのことです。ようやく、日々の生活費や娘たちの学費に頭を悩ませる必要もなくなり、「あぁ、これ（ネットビジネス）で食べていける！」と思えた瞬間でした。

その後、義父が脳梗塞で倒れて右半身が不自由になり、入退院を繰り返すようになりましたが、その時も、病院や施設の付き添いなど、できる限りのお世話をしてあげることができました。パソコンとネット環境さえあれば仕事が成り立つので、病院にパソコンを持ち込んで義父のそばで作業したり。入院費や介護にかかるお金も、親族で協力して出し合うことができました。

もし私が、朝から晩まで働き詰めのインストラクターのままだったら、とても、時間の余裕が無くて義父のお世話はできなかったと思います。

うつ病の引きこもり主婦のままだったら……。

百円ショップのコスメを使い、洋服は娘のおさがり、髪の毛も自分で切っていたあの頃だったら、きっと、家族にも不自由をさせ、自分自身もとても悔しい気持ちになっていたと思います。あのタイミングで、インターネットビジネスに出会ったのは、まさしく運命だったと、今では感じています。

この世界の中には、ものすごい行動力で瞬く間に結果を出して駆け上っていく方もいらっしゃいますが、私は凡人。普通の主婦で、子どもが小さい時は内職をして、幼稚園に入ったらヤクルトレディをして、小学校に入ったらスーパーのパートをして、小学校の中学年になったら事務員としてフルタイムで働いて、それから、パソコン教室のインストラクターになって。うつ病になって引きこもりになって。3人姉妹の末っ子で、人見知りで臆病で、小さな頃はいつもお姉ちゃんの後ろにくっついて遊んでいた子でした。特にバイタリティやカリスマ性があるわけでもなく、人の先頭に立つのは苦痛なタイプ。

そんな私でも、インターネットの世界で収入を得ることができるようになったのです。しかも、若い世代が活躍するネットビジネスの世界では遅咲きの40代。だから、誰でも本気になって頑張ればできるのだと思うのです。

こんな普通のおばちゃんの私ですが、自分自身の道のりを振り返ってみて、ここまで来られた一番の要因は、

何かうまくいかないこと、「自分には無理だ……」と感じてしまうことがあっても、そこであきらめてしまったり、「どうしよう……」と、ただただうろたえるのではなく、「じゃあ、どうすればいい？」「今の自分なら何ができる？」と考えて前を向くことができたことだと思います。

私も決して強い人間ではないから、上手くいかなければ落ち込みます。不安にもなるし、ため息をついたり、布団に突っ伏して「うぉぉぉ……」となることもあります。それは今でも変わらなくて、それでもいいんだと思うんです。思うようにいかない時にまったく落ち込むなって言うほうが無理なんだと。

でも、大切なのは、一旦落ち込んでも、ちゃんとそのあとでもう一度「じゃあ、次はどうしよう？」と前を向いて考えることができるかどうかなんです。

転んで「痛いよ〜〜〜」と泣いても、しばらくしたらまた元気に遊びだす子どものように、何度でも何度でも前を向くことだと思うんです。

それともう一つ、私を助けてくれたのが、インストラクター時代に読んだ本の中で心に残っている言葉。それは、**【成功者は走りだしてから考える】という言葉**です。

私はもともと臆病で疑り深い性格なので、行動を起こす前に準備を万端に整えたいタイプでした。そして、いろいろと考えを巡らせているうちに、起こるかどうかわかりもしないトラブルや失敗を山ほど思いついてしまって、自分自身で不安を増大させて、行動できなくなるタイプ。石橋を叩いて、叩いて、結局渡らないという（笑）。

けれど、その本の中には、世の中のいろいろな世界で成功している人たちというのは例外なく、【まず走り出す。そして、走りながら、直面する問題に対して、考えて対処していく】と書かれてあったんです。この言葉、読んだ当時はあまりピンと来なかったけれど、自分でビジネスをやるようになって、ふと怖気づきそうになった時に何度も浮かんで来て、私の背中を押してくれました。

会社勤めなどをしていると、失敗しないようにあらゆるリスクを事前に想定しておけと言われたりしますが、**自分でビジネスをしていくなら、まず動き出して、失敗もどんどん経験して、その都度考えて改善していくのが一番成長が早いと思うのです**。その時は失敗だったとしても、後になってみれば「あの時があったからこそ」と思える時が来ます。**失敗も不運も、乗り越えれば未来のラッキーに変わるんです**。

このことを私は、インターネットビジネスを通して学ばせてもらいました。インターネットビジネスに限らず、人生において大切な姿勢だと思います。

Part.1の最後に、どうしても伝えたいことがあります。

私は、ゼロスタートの超初心者さん向けに情報発信をしてきたので、たくさんのネットビジネス初心者さんからご相談をいただくことがあります。あるいは、以前から取り組んでいるけれど、なかなかうまくいかなくて悩んでいる方からも。

その時に、多くの人が「【自分なんか】には無理なのでは?」とおっしゃるのです。私自身、最初は何度も【自分なんか】という言葉を使っていました。

でも、【自分なんか】という思考は幸せを遠ざけます。この思考をずーーっと持ち続けていたら、何にもできないままです。どこかで、捨て去る必要があるのです。

【自分なんか】という言葉の後には必ず「できない」「なれない」「無理」などの否定的な言葉が続きますよね。自分で、自分の可能性を決めつけるなんてもったいないことだし、自分が可哀そうです。【自分なんか】を言い続けていると、生きるのも辛くなってしまうような気がします。

だから、**【自分なんか】という言葉は捨てて、かわりに【自分だって】に変えてみてほしいのです**。【自分だって】できるはず。できることがあるはず。可能性があるはず。そう思っていただきたいのです。そう考えるだけでも、ちょっとだけ人生がワクワクするものになる気がしませんか。

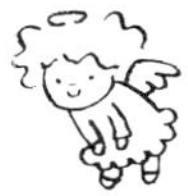

Part．1総括

ここまで、時系列で物語形式に私のやってきたことを綴ってきましたが、ここで【自分もインターネットビジネスをやってみたい！】という方のために、大まかな手順をまとめてみますね。

私が実践してきた道のりは、**図5**にまとめた通りです（P．119）。

けれど、これがすべてではなくて、私自身振り返ってみて「ここは、こうしたほうがよかったな」とか、「ここは、こうやっていたほうが結果が早かったな」と思う所があります。それも含めて、お話ししていきますね。

【ブログ作成】

まず、ブログを立ち上げます。

その時に、誰に向けて書くのか、誰の役に立ちたいのか、どんな悩みを持っている方を助けたいのか、どんな未来を見せたいのかという、ターゲットとコンセプトを決めていきます。

多くの場合は、自分自身の体験から、自分と似通った悩みや希望を持っている方をターゲットにすることが多いですね。

私の場合は、

●外に働きに出ずに、家族との時間を大切にしながら経済的にも不安のない生活をしたい人
●パソコンが苦手で困っている方
●子どもとの時間を大切にしながら家計を助けたい子育てママさん
●独立したいサラリーマンさん

といった人たちをターゲットに設定しています。

この他にももっと、人の数だけターゲットやコンセプトはあるはずです。

そして、そんな自分の思いや、自分自身が実践してきた作業工程、インターネットビジネスについて学んだこと、調べたことを後輩に伝えるように一つひとつ記事にしていきます。

記事が貯まってきたら、読者さんが見やすいように、カテゴリごとにまとめページを作ってコンテンツ化していきます。

後々メルマガで紹介したい商材も、ここで決めておきます。

そのためには、自分自身が何か一つ「これ！」と思う商材を実践して、中身を知っておく必要があります。そうでないと、自信をもってお勧めできませんから。

【メルマガ登録用ランディングページの作成】

メルマガ登録のためのフォームを貼りつけたランディングページを作成して、ブログに露出します。この時点で、すぐにメルマガに登録されることはまずないので、焦る必要はありません。

登録フォームは、【メルマガ配信スタンド】に契約すると作成できます。

メルマガ登録時に、何かプレゼントを準備しておくと登録率が上がりますが、最初は準備できなくても大丈夫。これから無料レポートを作っていくので、それをプレゼントとして徐々に追加していきます。

［無料レポートの作成］

ブログに書き溜めてきたことや、それ以外に自分でやってきたことなどをレポートにまとめます。レポートはＷｏｒｄで作成してＰＤＦ化することが多いですが、音声や動画なども使えます。

ここで、金額的な実績が無いことに悩むケースが多いですが（私がそうでした）、お金にはならなくとも、やってきたことすべてが実績。

こんなこと……と感じることでもどんどんレポートにして、無料レポートスタンドに提出していきます。

ここからずっと、ブログ更新、レポート作成を繰り返して自分のコンテンツを充実させていきます。経験値が増えれば増えるほど、ブログやレポートに書けることも増えていくので、ひたすら地道に作業をしていきます。

メルマガの配信が始まってからも、同時進行でコンテンツ制作は進めていきます。

[メルマガ配信]

無料レポートがダウンコードされると、メルマガ配信の開始です。

私自身は最初にステップメールを作っておいてから無料レポートを提出しましたが、これはどちらかというとお勧めしません。

ステップメールには、伝えるべき要素と順序というものがあり、未経験の方が我流でいきなりステップメールを作って成約するのは難しいです。

私の場合は、ステップメールを走らせながらどんどん修正をしていきましたが、これが意外と大変でした。

ですから、私のように毎日メルマガを配信するのが難しい方は何通か準備しておくのもよいでしょう。

可能ならば、手動で毎日配信して何度か商材のオファー（紹介）を繰り返し、成約に成功した流れをステップメール化するのが一番ですね。

［読者さんと交流して生の声を聞く］

私自身が一番「やってよかった」と感じているのがここです。

ブログではどんどんお問い合わせを促し、メルマガでもどんどん返信をもらうように促して、プレゼント企画やアンケート、スカイプ通話企画など、考えつく限りの手を尽くして読者さんと接点を持つようにしました。

その中で、さまざまな悩みごとや「こんな未来が欲しい！」という望み、困っていることや不安に感じていることなどの生の声を聞くことで、それに答える内容をメルマガで発信したり、ブログの記事にしたり、新たにレポートにしたりしていきました。

その結果、自己満足でなく、たくさんの方に喜ばれるコンテンツを作ることができましたし、さらに交流することで信頼を獲得することもでき、少ない読者数で初成約、そして、高い成約率を早い段階で達成しました。

［商材のレビューページの作成、オファー（紹介）］

メルマガを配信しながら、紹介したい商材のレビューページを作っていきます。
これは、最初はブログの記事で書いてもよいですし、ランディングページ作成ツールなどを使ってもよいです。

お勧めしたい理由、こんな未来が待っています、という内容を書いて、読者さんに興味を持っていただけるよう、販売ページへのリンクを貼っておきます。

この時、【自分から買ってもらう理由】として、レポートやサポートなどの特典を付けて、レビューページに記載しておくと成約率が上がります。

最初は、たくさんの特典を付けるのは難しいですが、手持ちのレポートが増えてきたら随時追加したり、レポートが少ないうちはサポートを手厚くするなどして工夫していくようにします。

このレビューページを、メルマガで紹介して、読者さんに読んでもらい、興味を持って商材を購入いしていただければ、成約、そして紹介報酬がもらえることになります。

最初のオファーで成約するとは限りません。うまくいかなくても過度に落ち込まずに、「次はこうしてみよう！」とどんどん工夫をしながら、この流れを繰り返していきます。

こうして、何度かオファーを繰り返し、ある程度成約できるようになったら、そのメルマガの流れをステップメールにしてしまえば、販売の自動化が完成します。

ここまで来る頃には、ブログからのメルマガ登録も増えてきます。そうなれば、無料レポートを作る頻度を減らしても、自動でブログからメルマガ登録され、ステップメールで販売、という流れができてきます。

そうすれば、時間の余裕が生まれてくる＆金額的実績もついてくるので、そこからコンサルティングなど、自分自身のサービスを提供して、さらに収入を伸ばすことが可能になります。

また、これまでは触れてきませんでしたが、ツイッターやフェイスブック、ユーチューブなどのＳＮＳにメルマガ登録用のＬＰ（ランディングページ）を露出して、読者さんを集めることもできます。

これも、フォロワーさんやお友達を増やすのは地道な作業ですが、軌道に乗ってくると有効な集客手段になりますので、交流を楽しみながらやってみてくださいね。

ちなみに、私のツイッターアカウントは下のＱＲコードからアクセスできます。フォローして絡んでいただけると喜びます♪

〈ツイッター〉

ざざっと文章にしてしまうとこれだけなのです。シンプルですよね。

【ブログやレポート、ＳＮＳでメルマガの読者さんを募って、メルマガで商材の紹介をする】これだけです。

このシンプルな流れの中で、私の場合はいろいろな葛藤があったり、心の壁があって尻込みしたりしながら、自分を奮い立たせてやってきました。

あなたも、いざやるぞ！となるといろいろな不安が頭をもたげてくるかもしれません。でも、【成功者は走りながら考える】です。

まず、一歩を踏み出してみてください。

もし、私のここまでの道のりを読んで、少しでも【わくわく】したのなら、ネットでインターネットビジネスという言葉を検索してみる、でもよいです。

小さな行動を起こしてみてください。

図 5

ブログメルマガアフィリエイトの実践手順①

- 無料レポート作成
  - 自分がやってきたこと、学んだ事をまとめる
    - 金額的な実績だけが実績ではない やってきたこと全てが実績になる
  - ブログ記事をまとめてレポートにする
  - 無料レポートスタンドに提出して読者さんを集める
- メルマガ開始準備
  - メルマガ配信スタンドに契約
  - メルマガ登録用のＬＰ作成↓ブログに設置
  - ステップメールの作成
    - 自己紹介から商材のオファーまで 先輩アフィリエイターのメルマガを参考に
- ブログ作成
  - ターゲット・コンセプト・立ち位置を決める
    - 誰のために発信するのか？ 誰の役に立ちたいのか？ 誰を全力で喜ばせたいのか？ どんな未来を手に入れてもらいたいのか？
  - ワードプレスでブログ作成
  - プロフィール記事の作成
    - なぜ、ネットビジネスを始めたのか？ その結果、何を得たのか？ 何のためにブログを立ち上げたのか？
  - 自分がやってきた事、学んだ事を記事として更新していく
    - 自分の後輩に教えてあげる気持ちで
  - 記事が貯まってきたらまとめページを作ってコンテンツ化する
    - 読者さんにとって見やすいブログにする

図5（つづき）

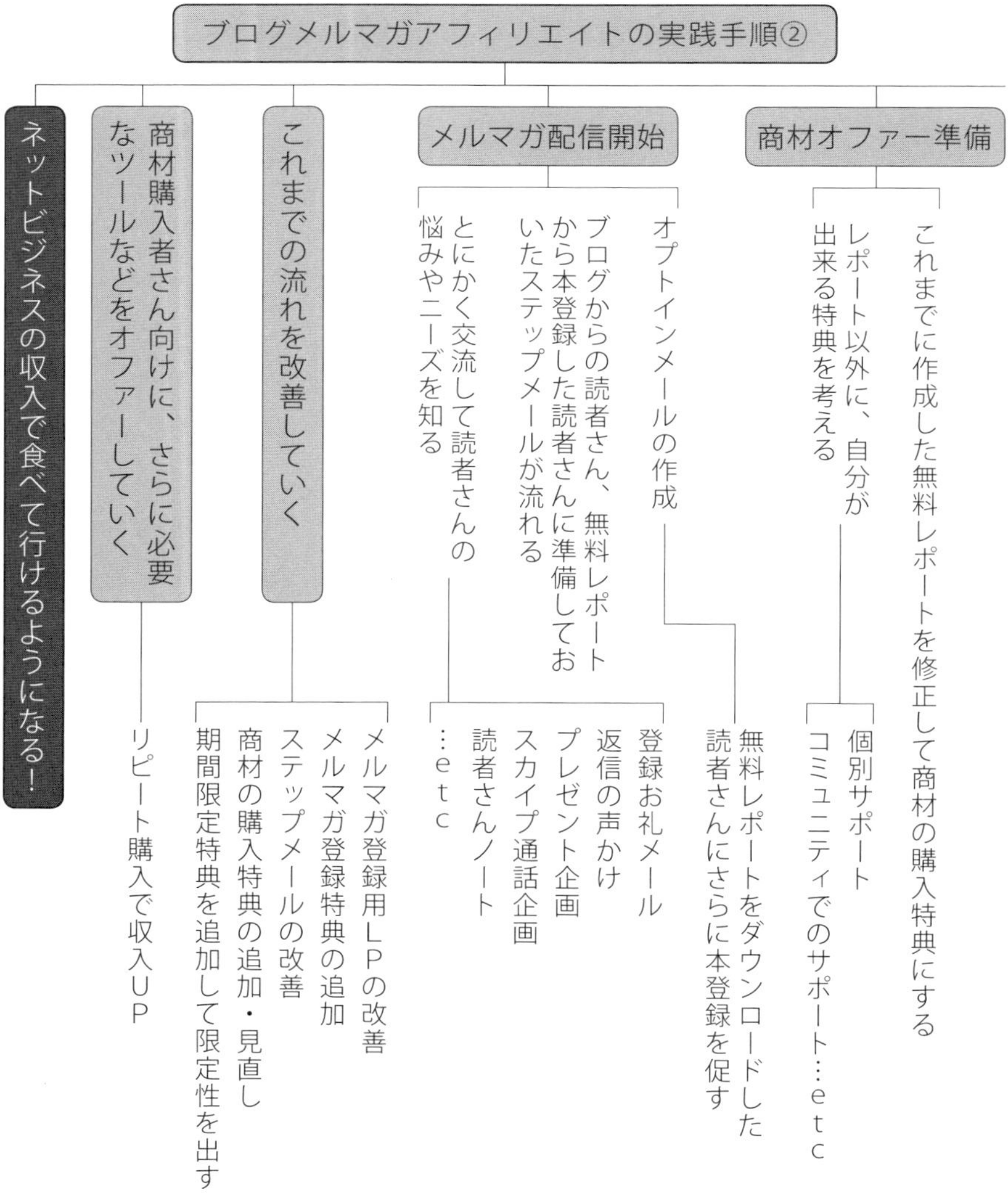
ブログメルマガアフィリエイトの実践手順②
商材オファー準備
これまでに作成した無料レポートを修正して商材の購入特典にする
レポート以外に、自分が出来る特典を考える
個別サポート
コミュニティでのサポート…etc
無料レポートをダウンロードした読者さんにさらに本登録を促す
メルマガ配信開始
オプトインメールの作成
ブログからの読者さん、無料レポートから本登録した読者さんに準備しておいたステップメールが流れる
とにかく交流して読者さんの悩みやニーズを知る
登録お礼メール
返信の声かけ
プレゼント企画
スカイプ通話企画
読者さんノート
…etc
これまでの流れを改善していく
メルマガ登録用LPの改善
メルマガ登録特典の追加
ステップメールの改善
商材の購入特典の追加・見直し
期間限定特典を追加して限定性を出す
商材購入者さん向けに、さらに必要なツールなどをオファーしていく
リピート購入で収入UP
ネットビジネスの収入で食べて行けるようになる！

コラム1

スガにも一言言わせてください！

マルコさんには、あえて「ビジネスを始める前」のことから書いていただきました。彼女の背景を知ることで、あなたには主婦としてのリアル、働くOLとしてのリアルを感じていただきたかったのです。

マルコさんがビジネスをスタートする上で、決して特別なスキルを持っているわけではなかったこと。そして、秘密の裏技のような方法を身につけるとか、画期的なノウハウが大切というわけではないということも感じ取っていただけたのではないでしょうか。

この書籍に書かれている内容は、あなたにとって決して他人事ではなく、あなた自身も歩むことができる現実的な未来です。インターネットを介するビジネスは、効率化や自動化という魅力もありますが、差がつく部分は一人ひとりとの対話。つまり、向き合う姿勢です。

デジタル化が進めば進むほど、アナログ要素は光るということを心に刻んでください。家族や友達をリアルで大切にしていくように、インターネットでも同じように向き合うことで必ず【あなたらしさ】という輝く要素が芽生えてきます。

Part. 2

私を育ててくれたインターネットビジネス

エピソード2

ふーん、そうなんだ
苦労したんだね
そうだよ
誰だって最初からうまくいくわけじゃないんだよ！
うん よくわかった
ただ
・・・なんか誰かに似てるような・・・？
ギク
そ そんなことはないよ・・・
でも、よく理解できたでしょ

正しい方法を身につければ
うつで引きこもりの在宅主婦でもビジネスできるんだってことを！
そうだね！
でも、メルマガって、難しくない？
ステップメールとか、ブログとか私にできるのかなぁ？
Blog
WORDPRESS
ワードプレスなんて、絶対つまづきそう・・・
大丈夫だって！
ここから先が本番よっ！

Ｐａｒｔ．１でお話ししてきたように、インターネットビジネスの中でも、ブログメルマガアフィリエイトの世界でなんとか食べていけるようになった私ですが、この頃には、最初の頃とは随分と考え方、感じ方も変わってきていました。うつも随分と良くなり、お薬さえ飲んでいれば普通の生活ができるようになり、社交的にもなりました。

結局は、【誰とも関わりたくない】と思って飛び込んだネットビジネスの世界なのに、人との関わりの楽しさを再確認することになりました。

そして、人との関わりが増えていくにつれて、私のビジネスはブログメルマガアフィリエイト以外にも広がっていくことになるのです。

ここからは、アフィリエイト以外の世界にビジネスが広がって、現在に至るまでの道のりをお話ししていきたいと思います。

初めて参加したセミナーでしでかしたドジの数々…

ネットビジネスに参入した当時はお金がなくて、セミナーなどに参加するのはとんでもなく贅沢なことでした。それでも、大好きな教材の販売者さんが主宰するセミナーにはどうしても行きたくて、当時自宅のあった岡山県から、大阪や東京へ出かけていきました。新幹線や飛行機は高価だから、高速バスや夜行バスで。ホテルに泊まるなんてもったいないから、弾丸で帰りました。

東京へは、夜10時岡山発の夜行バスに乗って、朝6時半に東京駅に着き、7時まで駅で過ごしてから（冬場は寒くて凍えました…）、7時になったら開店と同時にカフェに入り、セミナーの時間まで作業をしながら時間が来るのを待って、セミナーと懇親会の途中まで参加して、そのまま夜10時発の夜行バスに大急ぎで飛び乗って帰りました。車中2泊の弾丸ツアーで（もちろん、高級な夜行バスではなく、普通の観光バスみたいな車両です）帰ったらヘトヘトでしたが、日ごろひきこもりだった私にとってはとても新鮮で刺激的な世界でした。

それに、**名前だけは知っているけれど会ったことのなかった有名な起業家の方や、すで**

に実績を出している先輩たちに会えるのは、当時の私にとっては芸能人に会うより興奮する出来事。同期で頑張っている人たちと励まし合うことも、とても貴重な時間でした。

初めて参加したセミナーは大阪。

それまで、家族を置いて県外に出ることはほとんどなかったので、夫に話すのは勇気が必要でした。何日も前から言いたくても言い出せなくて、わざと、夫が会社に行っている間にＬＩＮＥで伝えました。

「〇月〇日に大阪でどうしても行きたいセミナーがある！　参加費が〇〇円で往復の高速バス代が〇〇円で合計〇〇円。行ってもいい…？」

ダメだと言われても行くつもりだったんですけどね（笑）。とはいえ、大きな反対もされず、「行きたいなら行けば？」と言ってもらえたので、気合を入れて行くことに。

当日は、気合が入りすぎてかなり早く会場に到着してしまい、誰もいない受付の前でドキドキしながら数十分待っていました（笑）。

そして、主催者や講師の方々が到着された時には、手作りの名刺を配りながら一人ひとり挨拶をしました。本当は人見知りなので、ものすごくドキドキして、逃げ出したいくらいだったんですけれど。

講師の方と間違えて、全然違う人に「ヤマダさんですねっ！」と駆け寄って行って「違います」と言われたり（今でも時々話のネタにされています…）。

休憩時間に偶然、主催者さんが私の目の前に来たのに、緊張して頭が真っ白になって何も話せなくて、ただただその方の上腕部を見ていることしかできなくて、自分が情けなくなったりもしました。

そして、そのセミナーが終わった後の主催者さんのメルマガで「名刺なんか要らない、配っても意味がない」という発信を見てパソコンの前で「私のことやんか…」と恥じ入って赤面したり……

セミナーではもちろん最前列に座って、講師の方をガン見です。でも、緊張して何も質問はできなくて…。「質問があったら手を挙げてください！」と言われると目線をそらしてしまう情けない有り様でした（汗）。

そんなこんなで私の初めてのセミナー参加は、ドタバタ尽くしで恥もかきまくりでしたが、今となっては良い思い出で、当時の必死にジタバタしていた自分を愛おしく思ったりもするのです。名刺を配りまくったり名前を呼び間違えたりするのは良いことではなかったけれど、「なんか変な奴がいたぞ」と印象に残ったからいいんだと思うことにしています（真似はしないでくださいね）。

マルコからあなたに伝えたいこと　その４

その当時から今まで、セミナーに参加したり、誰かと初めてお会いする時には必ず実行していることがあります。それは、

- 講師や主催者さん、お会いする相手の方のブログやＳＮＳでの発信を見て、どんな信念を持って何をされているのかを事前に知っておくこと
- 好きなことや趣味などを知っておくこと
- 人となりを知っておくこと

これらを押さえておくと、いざお会いした時にも話題を見つけやすく、緊張しにくくなります（それでも最初は死ぬほど緊張しましたけど）。さらに、お会いした後は、お礼と感想のメッセージを必ず送ることも忘れずに。

今、自分もセミナーに登壇する側になってわかったのですが、話しかけられる側も、自分の発信を見ていてくれると嬉しいんですよね。**「何やってる人ですか？」と聞かれるよりも「こんなことをされているんですね！　フェイスブックのあの投稿を見たんですけど…」などと話してくれたほうが嬉しいんです**。

人は、自分に関心を寄せてくれる人を好きになるんです。そして、あとで感想メッセージをいただくのも、とっても嬉しいのです。それも、型通りの「ありがとうございました。ためになりました」だけではなくて、**「お話の中のこんなところが心に響きました」、「この部分をこれから行動に移していきたいです！」などと言われると、あぁ、しっかりと聞いてくださったんだなぁとジンとくるのです。**

何度も心が折れかけたスパルタコンサル それでも1年通い続けた結果…

その後も、お財布事情と家族の行事などと相談しながら、できるだけ【実際に会える機会】は逃さないようにしていました。同時に、実践していた教材のコミュニティ（フェイスブックのグループページ）には毎日欠かさず投稿して、他のメンバーさんの投稿にも積極的にコメントして仲良くなるようにしました。これまた、初めて投稿する際は「どんな反応をされるんだろう?」「誰も反応してくれなかったらどうしよう?」などと考えてしまい、死ぬほど怖くなりました。でも、人生初の教材を購入してこの世界に入ると決めた時に「なんでもやってやる」と決めたのです。だから、頑張りました。今ではちっぽけに思えることも、すべて、当時の私にとっては大事件であり大きな壁だったんです。

実は途中、コミュニティへの投稿が2か月ほど滞った時期もありました。暗いトンネルの中でつまずいてうずくまっていたんですね。無料レポート作成から逃げて、公開してもいないブログばかりいじっていたのです。でも、また前を向いて歩き出しました。

そのおかげで、嬉しかったこともありました。初めてのセミナーで教材の販売者さんと初めて対面した時、おそるおそる「佐藤です…」と言うと「ああ! 佐藤さん!」と、名前を覚えてくださっていたのです。

「覚えてくださってたんですねっ!」と感激していると「そりゃあ、あれだけ毎日投稿してれば(笑)」と答えてくださいました。**コミュニティに積極的に参加することも、自分にプラスになって返ってくるんですね**。

こうして、コミュニティでの交流や実際に会えるセミナーや懇親会などに時間とお金の許す限り参加していくことで、少しずつこの世界の同期や先輩の方々とのつながりができていき、世界が広がっていきました。

それともう一つ。**教材の販売者さんのコンサルティングを受けることも、大きな挑戦でした。**月に2~3本ずつ成約できるようになった頃です。収入にして月2~3万円。まだまだ少ないけれど、継続して成約できるようになって、「あとは集客を頑張れば行けるかも!」とわずかながらも希望が見えてきた頃でした。

しかし、コンサルティングを受けるにはお金が必要になります。人によって違いますが、その時、その方のコンサルフィーは1年契約で120万円。しかも一括払い。もちろん、そんな余裕などありません。でも、どうしても受けたい。そこでどうしたかというと…。

年子の娘二人が専門学校に進学する際に、国の教育ローンを限度額いっぱいまで借りていたんです。合計で300万円。これを、できるだけ使わないように大切に取っておいて、毎年・毎月の学費や日々の生活費にあてていました。我が家にあった唯一のまとまった現金です。それを、家族に内緒で使い込んだのです。

あぁ……誰にも言わずに内緒にしていたのに…。これで白日のもとにさらしてしまいました……ごめんなさい。でも、ちゃんと元は取って、そっと返したから許してください!

とても真似をしてくださいとは言えないやり方ですが、こうやって背水の陣を敷いたことで、私は強くなることができました。この120万円を無駄にするわけにはいかない。

もし、結果を出して取り戻せなければ、娘たちの夢を壊してしまうんです。家計も破綻します。必死で、コンサルタントにくらいついていきました。

何度もしつこいですが、生来の私は、臆病で人見知りで、冒険が苦手なタイプでした。**「何でもやってやる！」と決意して飛び込んだ世界で、私なりには頑張っていたつもりでしたが、それでもまだまだたくさんの心の壁がありました。その壁を壊してくれたのが【コンサルティング】だったんです。**

月に一度、夜行バスの弾丸ツアーで東京へ出向き、教材の販売者さんと対面しました。でも、細かいことを手取り足取り教えてくれるようなコンサルティングではありません。次はあれをして、その次はこれをしてと、指示を与えてくれるものでもありません。すべて自分で考えて、あくまで相談して意見をいただくスタイルです。

自分で調べればわかることを横着をして尋ねようとすると、「調べなさい」と一喝されます。かといって、対面している時に何も質問しないでいると「もう聞きたいことはないですか？　じゃあ、今日は終わりにしますか？」と言われてしまう始末。

さらには、販売者さんから「こうしてみるといいよ」とアドバイスを受けて、私がちょっとでも臆病風を吹かせたりしたら、「いいからやれ」と一蹴。どんな準備をしてどういう手順で実行するかはすべて自分で考えなければなりません。とにかくスパルタなのです。

そのコンサルティングで最初の頃、何度も言われたのが**「マルコさんは、マインドブロックが強すぎる」「難しく考えすぎ」「もっと柔軟に考えないと」**ということでした。

自分自身では何度も何度も心の壁を壊してきたつもりだったのに、まだ足りないのか…。私はとんでもない世界に足を踏み入れてしまったのでは…と茫然としました。コンサルタントにけちょんけちょんにされて帰りのバスで涙ぐむことも。最初の半年ほどはいつもそんな感じで、家にたどり着いたらまずは布団に倒れ込んで何だか切ない気持ちで眠りにつきました。でも、落ち込むのは1日だけと決めて、翌日からはまた行動、行動です。

1年のコンサル期間はあっという間に過ぎましたが、**終わりの頃には「随分と、変わりましたね！　何より行動的になりました」と少しだけ褒めてもらえるようになりました。**お世辞や社交辞令では絶対に褒めないコンサルタントだけに、褒められた時は本当に嬉しかったものです。ただ。ここで有頂天になりすぎると、「でも、まだまだです」とピシャッと冷や水が飛んでくるんですけどね（笑）。

コンサル期間中に月収１３０万円を達成、その後もある程度の収入を継続して得られるようになって、教育ローンから内緒でくすねたコンサルフィーも、家計が破綻する前に元に戻すことができて、ホッと胸を撫でおろしました。

最初のうちは夜行バスの弾丸ツアーでヘトヘトになりながら東京へ通っていたのも、ホテルで1泊してゆっくり眠れるようになったり。新幹線で行くことができるようになったり。髪の毛もちょこちょこと自分で切って、白髪も自分で染めていたのが、美容院に行けるようになったり。少しずつ生活も変わっていきました。

何より嬉しかったのは、ビジネス専用の銀行口座に80万円貯まった所で当時の夫に口座の残高を見せた時、「毎月、東京に通っただけのことはあるな！」と、頭をポンポンしてもらえたことでした。それまでは、「やりたいんならやれば」くらいの**無関心な態度だった夫が、初めて私がやっていることを【仕事】として認めてくれた瞬間**でした。

そして、コンサルを受けていた期間中に、紹介していた教材の販売本数で1位となることもできました。死ぬほど厳しくて苦しかったけれど、私を本当に成長させてくれた愛おしい1年間。愛ある厳しさで私を成長させてくれたコンサルタントとも、今では一緒にご飯を食べて冗談を言い合ったりできるようになりました。今でも、調子に乗るとピシャッと絞められますけど（笑）、それが程よく気持ちを引き締めてくれます。

同時期にコンサルティングを受けていた仲間も、今では大切な友人となりました。現在、パートナーとして一緒にビジネスをさせていただいている人もいます。ここでもまた、私の世界が広がったのでした。

私を常にワクワクさせてくれるかけがえのないメンターに出会う

こうして少しずつつながりが広がっていくうちに、私の中で変化が起こってきました。家から出ずに、パソコン一台でひきこもりのまま収入を得られるようになりたい、と考えていたところから、**もっと広い世界を見たい、いろんな人とつながっていきたい、という気持ちに変わってきたのです**。そんな中で、もう一人、大好きで尊敬する方との出会いに恵まれて、私の世界はさらに広がっていくことになります。

私自身が実践・販売をしていた教材の制作者さんであり、私を鍛えてくれたコンサルタントでもあったOさんが懇意にしていた方に、株式会社アイマーチャントの菅智晃《すがともあき》さんという方がいらっしゃいました。そう、私が書いているこの本の、監修をしてくださっている菅さんのことです。インターネットビジネスの黎明期から十数年にわたって活躍されている方。この業界の多くの人が尊敬し、憧れている、あの菅さんです。

最初の頃、私は菅さんの存在をまったく知らない世間知らずだったのですが、実践していた教材のコミュニティに菅さんが書き込みをされているのを目にしたり、『休日会議』というポッドキャスト番組をされているのを知って聞いてみたり、セミナーでのお話を聴講したりしているうちに、どんどんそのお人柄に惹かれていきました。いわゆる【ザ・ネット起業家】的なギラギラ感がまったくなくて、穏やかで優しい雰囲気。金銭的実績を振りかざしたりもしないし、豪華な生活を見せつけることもしない。簡単に稼げますなんてことも言わない。でも、お話ししてみると、その知識と経験値はすごい。もちろん実績も。

何よりも一番惹きつけられたのは、あるセミナー動画の中でお話しされていた**「今日は、誰を全力で喜ばせようか?」**という言葉でした。

おこがましいですが、「あっ、私と似てる!」と思ったんです。私も、アフィリエイトを始めた時から、いつも「どうやったら喜んでもらえるだろう?」「過去の私が、どうしてもらったら嬉しかっただろう?」ということを考えてブログやレポートを作ったりメルマガを書いたり、読者さんと交流してきたから。

【価値ある情報を提供して仕組みを作って不労所得を得る】なんていう、よく使われていて、確かに正しいんだけれど、なんだか機械的で冷たい言葉に違和感を感じていた私にとっては「今日は、誰を全力で喜ばせようか?」という言葉がとても素敵で温かくて、ストンと心に落ちて来たんです。

そうこうしているうちに、菅さんが主宰されている【マーチャントクラブ】というビジネスコミュニティの存在を知りました。私が教わっていたコンサルタントの方も当時在籍していて、また、私が実践していた教材のコミュニティ出身の先輩起業家さんも、たくさん在籍されていました。「いつか私も、このクラブに入りたい！」。そんなふうに考えるようになりました。そこで何をしたいとか、そんなことまではまったく考えていなくて、ほとんどミーハー精神でしたけれど（笑）。

でも、どうやって入ったらいいかわからない（マーチャントクラブには申し込みフォームが無いんです！）。入会するのにどのくらいの費用がかかるのかも、謎。そもそも、クラブ会員で私が知っている方は皆すごい方ばかりだったので、まだ私には遠い世界でした（実際には、これからビジネスをやりたいという方もいらっしゃったのですが）。

ということで、とりあえずは【マーチャントクラブにふさわしい人になる！】という夢を抱きながら、これまでどおりアフィリエイトの作業とコミュニティ運営、コンサルティングに粛々と取り組んでいきました。

そんな中で、同じ教材出身の先輩起業家さんで、クラブ会員でもある方のメルマガを読んでいた時、その方がスカイプ企画をされていました。なんとなく、「お話ししてみたい」

と思った私は、即座に申し込みました。
具体的に何を聞きたいとか、そんなことはまったく考えていなくて、ただ、話してみたい、と思っただけだったのですが、その頃には、臆病者の私にも【走り出してから考える】【ワクワクしたら深く考えずにすぐ動く】習慣がかなりついていたのかなと思います。

人って、変われるのですね。

そして、お話ししている中で、クラブの勉強会が岡山で開かれることを知り、「外部参加してみますか?」とその方からお誘いを受けました。地元岡山での勉強会。私が密かに憧れていた、岡山県出身の女性起業家Eさんが講師。断る理由なんてありません。
「いいんですか⁉ 行かせてください!」と即答しました。スカイプ企画を知った時に、何となくワクワクしたのは、このためだったのかも! と思いました。憧れの場所を覗くことができる、菅さんとお話しできるチャンスもあるかもしれない。日程は、2016年6月の第3土曜日。ドキドキ、ワクワクしながら、でも激しく緊張もしながら、当日を待つことになりました。

社交辞令のはずが…悲願のクラブセミナー講師に！

いよいよマーチャントクラブ岡山勉強会当日。初めましての人ばかりの中に飛び込むのは久しぶりのことでした。それまで参加していた教材関連のセミナーでは、もう行けば必ず顔見知りに会うようになっていて緊張もしなくなっていたのですが、この時は完全アウェー。久しぶりに【初めての場所の居心地の悪さ】を体験しました。何となく、生まれて初めてセミナーに参加した時のことを思い出しながら、「あの時もう十分恥はかいたから、少々のことで死にはしない」と言い聞かせて、近くの席の人に話しかけてみたり、講師の方や菅さん、誘ってくださった先輩に挨拶をしました。

その後の懇親会では、なんとか菅さんの近くに座ったものの、恒例の人見知りを発症してしまい、ロクに質問をすることもできず、ただニコニコして会話を聞いていることしかできませんでした…。でも、憧れていた起業家さんたちに会えて、ツーショット写真を撮らせていただいたりして、ミーハー心だけは十分に満足したのでした（完全に、ダメな人の例ですが）。そして、**クラブにいつか入れたら嬉しいなぁ、というぼんやりとした夢は、「いつか必ず、入る！」という決意になりました。**

その2か月後の8月には福岡で勉強会があったのですが、行けなかったので講義ビデオだけを購入。翌月の9月には、【やり直しのWEBマーケティング】というミニセミナーに参加。マーチャントクラブ主催のイベントで外部参加できるものには可能な限り参加しました。

そして…【やり直しのWEBマーケティング】に参加した時に、「このセミナーをアフィリエイト（紹介）してもらえませんか？」と依頼を受けました。

頼りにしてもらえたことが嬉しくてうれしくて、何とか貢献したくて、紹介をしました（その時の私の力では、たった1人しか呼べなかったけれど）。

さらに翌月、10月の名古屋勉強会には現地に行って参加。そこで初めて、菅さんと少し長くお話しすることができて、「いつかクラブに入るつもりです」と宣言したんです。その際に「クラブに入ったら講師をやってみますか？」と菅さんから言われたのですが、その時はほんの社交辞令だと受け止め、軽い気持ちで「あ、はい、やります…」と答えたのでした。

それからさらに2か月ちょっと経った年末、菅さんからこんなメッセージをいただきました。

菅智晃：「以前、クラブ参加の時には講師をとお願いしたことがありましたが、
来年の予定を立てていく中で【6月17日の岡山勉強会】で
マルコさんとEさんのコラボで考えています！
まだ予定ではありますが
【地元岡山開催】【Amazonベストセラー作家とのコラボ】
【ゲストインフォ侍】という3点セットは、ブランド向上はもちろんですが、
僕自身がワクワクしてきます♡♡」

マルコ：「えええええええええええええええええええ！！！！
は、はいっ！　嬉しいです！
いや、やばい、Eさんとのコラボとか、すでに足が震えてきてます！！
でも、ありがとうございます！！！
わ〜〜どうしよ、どうしよう…」

菅智晃：「僕もさっきお風呂入りながら、これは絶対ワクワクすると思って
すぐに風呂を出てパンツ1枚でメッセージを送っていました（笑）。

この時期は来年の楽しいことを決めていく「最高にワクワクする月間」なので、もっともっとアレコレ考えて全部残らず実現させたいと思います♡
6月17日に岡山で開催することは決定しました！」

マルコ：「6月17日ですね！　必ず空けておきます！！
おお〜〜今から武者震いが止まりません！
よろしくお願いいたします！」

菅智晃：「こちらこそです♡♡　楽しいイベントが一つできました♪♪」

マルコ：「ありがとうございます！」

こんなやり取りをさせていただきました。

ほんの社交辞令だと思っていたら、現実になってしまいました（汗）。
まさか、まだクラブに入ってもいないのに、こんなオファーをいただけるなんて、光栄すぎる。でも、どうして私が…？　しかも、セミナー登壇なんてしたことがないぞ。大丈夫か、私？

心の底から震えましたが、お断りする理由はありません。あまりの急展開にわけがわからなくなりながらも、**チャンスの神様が目の前に来たら、未経験だろうが、怖かろうが、自信がなかろうが、押し倒してホールドするしかないんです**。「わからないけど、きっと、何か意味があるはず！」と即答でお受けしたのでした。

「おお〜〜今から武者震いが止まりません！　よろしくお願いいたします！」

などと恰好をつけていましたが、内心は武者震いどころか心底震えていました。けれど、**依頼をいただくということは、【できるはず】と思われているからこそ。だから、きっとできるんだ。と自分に言い聞かせました**。

後に、「どうしてあの時、まだクラブ会員でもない私に声をかけてくださったのですか？」と菅さんに尋ねたところ、私のことを周りの人から聞いて興味を持ってくださっていたとのこと。そして、教材のコミュニティの中で毎日投稿しながら進んでいる姿を見ていたからとのことでした。

一生懸命やっていると、誰かが見てくれているものなんですね。

年末にこんな一件があってから、私の中では【６月の講師登壇までには、クラブに入る】と心が決まっていました。春くらいには入ろうかな。でも、どうやって入るんだろう…？

菅さんに直接入りたいと言えばいいのかな…？

そんなもやもやした気持ちの中で、６月の岡山勉強会に先立ってマーチャントクラブ主催の大型セミナー【販売力向上会議２０１７】が翌年１月に東京で開かれると発表されました。９名の講師陣が登壇し、参加者も１２０人規模という大型セミナーです。講師陣のなかには、私に厳しくも温かいコンサルティングをしてくださった教材の制作者Ｏさん、岡山勉強会の講師でもある憧れの女性起業家Ｅさん、そのほかにも私の大好きな人たちがたくさん。これまた行かない理由はありません。岡山から東京へすっ飛んでいき、最前列に陣取りました。

こんな大人数の前で堂々と講義を展開する先輩たち。ひたすら眩しくて「すごいな〜〜〜、すごいな〜〜〜」と思いながら聞き入っていました（まさか、翌年に自分が登壇することになるとは予想もせず…）。

そして。販売力向上会議の直後に、ついに、菅さんのメルマガでマーチャントクラブの募集が！
これは…これはもう今しかないと、勢いで申し込み、晴れて、念願のクラブメンバーとなったのでした。会員ナンバー１０９。【マルキューのマルコさん】です。

私の、二つ目の夢が叶いました。

一つ目は、アフィリエイトで、自宅で収入を得て経済的な不安から解放されること。
そして、二つ目がマーチャントクラブに入ること。今思えば、入っただけでは何も変わらないんですけれど、当時の私にとってこのクラブは、【そうそうたるメンバーが集うすごい場所】というイメージだったので、そこに入れたというだけで、何だかちょっとだけ自分が大きくなったような気がしたんですね。

私の最初の夢は、本当に小さなものでした。勤めに出ていた頃と同じくらいの金額を、外に出ずに得ることができたらいいなぁというくらい。大きな野望も、将来のビジョンも、持っていなかったんです。アフィリエイトで生活ができるようになってからも、このまま岡山の田舎町でひっそりとビジネスをやっていくのだと思っていました。

ところが、クラブに入ってから、人生が大きく動き始めることになります。

まだ、自分がどうなりたいとか、ビジネスをもっと大きくしたいとか、そんな明確な思いは持っていなかったけれど、

- **わくわくしたら、深く考えずに飛び込む**
- **未知のことにかかわるチャンスが来たら、とりあえずやってみる**
- **怖い、と思ったら自分の中の壁を破るチャンス！**

という思考パターンだけは、愛の鞭をふるってくださったコンサルタントのおかげで身についていたので、目の前にやってくることに、チャンスなのかピンチなのか、どうなのかもわからないままとにかく乗っていったのです。

ついに憧れのビジネスコミュニティへ そしてセミナー初登壇の日

1月、晴れてクラブに入会し、月1回開かれる勉強会に、行ける時は行く、という形をとりながら、6月の岡山勉強会がやってきました。

初めてのセミナー登壇です。

講義のテーマは、【ステップメール】。

ステップメールとは、あらかじめ準備しておいたメルマガの文章を、登録された方に順番に自動で配信していく仕組みのことです。当時私はアフィリエイトでステップメールを活用していたのですが、成約率が27％を超えていたのが「とても高い！」ということで、私がステップメールを作る時の考え方やノウハウをお話しすることになりました。

実は、その時になるまで、自分のステップメールの成約率が「とても高い！」ということに気がついていなかったのです。なんとも世間知らずだったんですけれど、大先輩から「27％という数字にはインパクトがありますね！」と言ってもらえたことで「そうか！高いのか！」と、単純に嬉しくなったのでした。

しかし、ぬか喜びしてばかりもいられません。初めて、自分がセミナーで話す側になるのです。セミナーのためのスライドを準備しようとパソコンに向かうと、想像するだけで緊張してしまい、動悸が止まらなくなって作業を中断してしまったり。半年も前からお話をいただいていたのに、ちっとも準備が前に進みませんでした。眠れない夜もたくさんありました。結局、お尻に火がつくギリギリになって、連日連夜で何とかスライドを作り、本番に臨む羽目になりました。

それでも、壇上に立つと不思議と「もう、どうなろうと好きにして〜〜〜」と肝が座ったというか、逆に緊張が収まって、アドレナリンが出てきました。高揚した感覚で気持ちよかったのを覚えています。ちょっと、興奮して早口になってしまったのか、予定より時間が短くなってしまったのですが…でもなんだか、「セミナーって、楽しいな」と思っている自分がいました。なんでも、やってみるものですね。

インストラクター時代に、イベント授業で生徒さんの前で話したり、教室の説明会でお話をしたり、研修の司会などで少しは人前で話す経験をしていたのも、役に立ったのかなと思います。その当時は嫌々でしたが、今思い返すと、**人生の中で無駄な経験って一つもないのだなと実感しています。**

その時の勉強会には、別のコミュニティを運営している起業家さんがゲストとして来られていたのですが、思わぬことにその方が「とても良かった！　うちでもセミナーをしてほしい」と言ってくださって、ひょんなご縁からその場で人生2度目のセミナーの予定も決まってしまいました。

セミナーに慣れた方にとっては大したことではないのでしょうが、私にとっては怒涛の展開。もう、流れの速い激流に呑まれているような感覚。とりあえず流されるしかないという感じ。でも、**大きなコミュニティを運営している方に「とても良かった」「うちでもセミナーをしてほしい」と言っていただけたことが、大きな自信になりました。**

その5

マルコからあなたに伝えたいこと

もともと、私は自分に自信がないタイプで、自己肯定感の低い人間です。今でもその名残はたっぷりとあって、先頭に立つよりは人の後をついていくほうが安心します。誰かと会う時は相手の顔色をうかがって自分の考えを飲み込んでしまうこともあるし、そもそも人見知りなので初めての場所に出かけると居心地の悪さを感じて帰りたくなってしまいます。インストラクター時代も、会議が苦手で、先輩教室長達が怖くて、前日から胃が痛くなってしまうような小心者でした。

でも、そんな私も、アフィリエイトから始めて、一つひとつ壁を乗り越えていくうちに、少しずつ自信をつけることができたんです。**一つ自信ができると、次に何かにぶつかっても、「今度もなんとかやれるはず！」と思えるようになりました。そして、何事も【逃げない】強さを持つことができるようになったのです。**

中学校の部活は途中で辞め、高校では帰宅部、大学も幽霊学生の末に中退という中途半端な人間だった私が、今では本当にいろいろなお仕事をいただけるようになりました（今の私を知る人は「そんなふうには見えない」と言ってくださる方が多いですが）。そうした中で、確信を持って言えること、それは、**【人は、（変わりたいと自分自身が強く思えば）変われる】ということ**です。

どうしても欲しい未来があって、そのためになら何でもやるぞという気概さえ持てば、人って変わることができるのだと思うのです。戦隊もののヒーローのように一瞬で大変身とはいきませんが、少しずつ、少しずつ。どうしても欲しい未来というのは、そんなに大きなものでなくてもいいんです。私も最初は、「外に働きに出たくない。でも、経済的な余裕が欲しい」というだけで始めたビジネスですから。

中には「小さな頃から何年もかけてでき上がってきた性格だから、そんなに簡単に変われない」とか、「自分がこんな性格なのは育ってきた環境のせい」とか、変わることを最初からあきらめてしまったり、変われないことを環境のせいにしてしまう人もいますよね。でもそれは、とてももったいない考え方だと思います。

同時に、変われないのではなくて、変わることを恐れているのだ、とも思うのです。**変わるためには、心の中の【何か】を壊したり、それまでの自分ならやらないであろうことに挑戦する必要があって、それは時々、痛みや苦しさを伴うこともあります。**

それが、怖いのかなと。

もちろん私も怖かったですし、「どうしてこんなに頑張っているのか、わからない」と思うくらい頑張った時もあります。自分の進んでいる道が正しいのか、ちょっとだけ立ち止まって考えたことも。

でもやっぱり、私はビジネスを始める前の自分よりも、今の自分のほうが好きで、この年齢になって（この本を書いている今、47歳です）、「今が最高だ」と感じながら毎日を過ごしています。これからもどんどん変化していきたいし、進化していきたい。そしてずっとずっとこれからも「今が最高だ！」と思って生きていきたいと思っています。

アフィリエイターからインフォプレナーへ怒涛の転身。そして…!?

さて、まだまだ怒涛の展開は続きます。

初めてのセミナー登壇が終わった直後、菅さんから

「マルコさん、今日のセミナーの動画を販売してみたら?」

と声をかけていただきました。

「販売?　そんな価値があるのだろうか…?」

と、一瞬きょとんとしてしまった私ですが、「菅さんが言うならやろう」と決意。帰ってからすぐに準備を始めました。

動画だけでは寂しいので、菅さんからもアドバイスをいただき、実際に私が商材を販売していたステップメールの解説付き全文と、そのマインドマップ（設計図のようなもの）をつけることにして、メルマガの中で予告をし、「興味がありますか?」とアンケートを取りました。「興味がある!」という回答が思いのほかたくさんあったので、大急ぎで準備を整えて数日後に販売。その結果、31本成約することができました。

それまでは、アフィリエイトという形で、【他の人が作ったもの】だけを紹介していた私が、生まれて初めて【自分で作ったコンテンツ】を販売したのです。

自分が作ったものが求められる、喜んで買ってくださる人がいる。この感覚はとても新鮮で、「生きててよかった！」と大げさながら感じてしまいました。これが、6月のセミナーの1か月後、2016年7月のことです。

そして早速、きっかけをくださった菅さんに連絡とお礼をしたところ、今度は「インフォカートに公開する時は、僕にも紹介させてください♡」とお返事が。

インフォカートとは、情報商材を扱っているASP（製作者とアフィリエイターの仲立ちをするところ）の一つです。つまり、**インフォカートにコンテンツを公開するということは、それまで私がやっていたアフィリエイトをする側（商材を紹介する側）から、自分の商材を紹介してもらう側になるということです。**

この業界では【インフォプレナーになる】と言いますが、インフォプレナーになるなんて想像もしていなかったことでした。もう、【想定外の事態】の連続です。

でも、ここでも、「尊敬する菅さんが言うんだからやってみよう。「できると思うから言ってくださっているに違いない！」と考え直して、また準備を始めたのでした。

インフォカートのサイトを隅から隅まで読み漁り、商材を公開するための手順を調べ、専用ページとして体裁よく見せるために新しいサイトを開設してコンテンツを収め、菅さんにも相談をしながら販売価格を決めて、販売用のページを作りました。そして、ダメ元で審査に提出。その頃にはもう、新しいことに挑戦する怖さは感じなくなっていました。

審査なんて何度落ちても再提出すればいいし、売れなかったら売れなかったでそれも経験。むしろ、新しい経験をすることそのものにワクワクし始めていました。

インフォカートの審査担当者の方から電話がかかってきて話している時も、

「おお！　今、わたしＡＳＰの担当者と話している！」

と自分でびっくりしつつ、楽しんでいたように思います。

無事に審査に通過して、商材をインフォカートに公開することができたのが、６月のセミナーの２か月後の２０１６年８月。何名かの方におずおずと紹介をお願いしました。それと同時に、自分でも継続販売できるようにステップメールを組んで、さらに購入してくださった方がアフィリエイトできる仕組みを作りました。

最初は自分で販売するのがほとんどでしたが、徐々に、アフィリエイター登録をしてくださる方が増え、毎月一定数が売れるようになっていきました。これで、一人のアフィリエイターから、商材の販売者へ、ステージを一段上がることができたのです。

それと同時に、自分で販売して入ってくる収入だけでなく、私自身が動かなくても、自分以外のアフィリエイターさんが私の商材を販売してくれて入ってくる収入もプラスされました。私を育ててくれたコンサルタントの方も紹介してくださって、本当に本当に嬉しかったのです。それが、９月のことです。

６月の初めてのセミナー登壇からたった３か月の間に、いろいろなことがありました。こうして振り返ると、私の人生の２度目の転換期だったなと思います（最初の転換期は、もちろんインターネットビジネスの世界に飛び込んだことです）。

とにかく、尊敬する大先輩の言うことだから何か意味があるはず。そう信じて、いただいたヒントは深く考えずに実行していったことが、成果に結びついたのだと思います。

人によっては、これくらいのことは軽々と乗り越えていくのだと思いますが、慎重派だった私が短期間でこれだけのチャレンジをしたのは、それまでの人生の中ではなかったこと。我ながら、ずいぶんと変わってきたなぁと思います。そして、以前なら自分には関係ないことだと思っていたセミナー登壇やインフォプレナーになることも、一度やってしまえば壁はなくなるのだな、とも感じました。

そう、一見、壁に見えるようなことでも、実は、自分の心が勝手に作った幻の壁であることがほとんど。やってみると、意外と何でもないことだったりするのです。そう考えると、**成功するには、素直で人を疑わない、ちょっとだけおバカなくらいのほうがよいのかもしれません**（笑）。

私は、最初は疑り深いけれど、いったん【この人が好きだ】と思ったらとことん懐いてしまうし、そうなると言われたことはホイホイと素直に乗っかってしまうおバカさんです。たとえ、それでうまくいかないことがあったとしても、尊敬する人、好きな人、信じている人が良かれと思って言ってくださったこと。まったく後悔はないんです。

そして、今のところ、そうやって生きてきて後悔したことがないということが、とてもありがたいことだと思っています。私は、とても出会いに恵まれてきたんだなと。

9月にはもう一つ、大きなイベントがありました。

6月の人生初のセミナーの際に、「うちでも登壇してくれないか」と依頼されていたセミナーが大阪で行われました。

セミナーはこれで2度目。ただ、今回のセミナーが前回と違う所は、参加者の方全員が、誰一人として面識のない方だということです。つまり完全なるアウェーです。持ち時間も、前回の1時間から、一気に3時間になりました。私も参加者の皆さんもお互いのことを少しも知らない状態で、3時間も一人で話すのです。

またしても緊張に襲われながら、準備を始めます。その少し前から、義父が脳梗塞で倒れ、介護が必要な状態になりました。心臓も悪かったので、入退院を繰り返し、施設と病院を行ったり来たりしていました。家族で交代で送り迎えや付き添いをしました。

そしてちょうど、セミナーの準備を始めた頃、容体が悪くなり最後の入院。病室にパソコンを持ち込んで、付き添いをしながら資料作りをしました。そうこうするうちに今度は私がぎっくり腰に（汗）。義母に付き添いを交代して、家で休んでいる間に、義父が亡くなりました。

それから、鍼治療で痛みをごまかしながら、お通夜とお葬式。そしてその2日後には、セミナー本番。悲しむ間もなく腰の痛みに耐えながらほとんど寝ずに資料作りに取り組み、新幹線で会場に向かう途中も、会場近くのカフェで時間を待っている間も、ギリギリまで資料の修正をしながらブツブツと一人リハーサルをして臨みました。

3時間も話せるだろうかと心配していたのに、実際には3時間を少し超えてしまい、最後は早口になってしまったり、話に夢中になって休憩を入れるのを忘れたりと、小さな失敗だらけ。それでも何とか乗り切って、怒涛の9月が終わりました。

本当に、6月から9月までの3か月間はいろいろな体験をして、大変だったけれど濃厚な日々になりました。この3か月を乗り切ったことで、また少し、強くなれたような気がしました。

私、出版します！

そんな9月、菅さんとのやり取りの中で、次の販売力向上会議に登壇してみないかと打診をいただきました。1月には講義を聞く側として参加して、登壇者の方々を眩しく見ていた私が、今度は壇上に立つ側になるのです。なんだか不思議な感じがしました。今度は200人規模。前回よりも大勢の聴衆になります。でも、その時には恐れよりも「きっと、できる」という根拠のない自信のほうが強くなっていました。それまでに積み重ねた小さな成功体験や、ぎりぎりの状態の中で何とかセミナーを乗り切った経験が、私を強くしてくれたんだと思います。

そして、販売力向上会議だけでなく、「出版も考えてみてください」とも。そう、今書いているこの本です。「自分が著者になる」。学生の頃から作文が大嫌いで、夏休みの宿題の読書感想文は、提出せずに先生から逃げ回っていた私が。現実味のない不思議な感覚です。でも、やってみたい、と思いました。いつの間にか、新しい何かに挑戦することが楽しくなっていました。

そして、**この頃から、「外に働きに出ずに、引きこもって収入を得たい」から、「もっと広い世界を見たい！」という思いが芽生えてきました**。初めて、【欲】が出てきたんです。具体的に「何をしたいのか？」と聞かれたらわからないけれど。

最初は平和に人生を生きるための手段としてとらえていたビジネスでしたが、この頃には、ビジネスそのものが面白くなってきていました。ビジネスの世界には、もっともっと楽しいこと、ワクワクすることがある。勤め人時代の人間関係と比べて、ビジネスの世界での人とのつながりが、とても楽しいことにも気がつきました。

自分自身の人生に責任をもってビジネスに取り組み、人生を切り開いて行こうとしている人たちとのおしゃべりは、前向きでとても楽しいのです。職場の集まりの愚痴飲み会とはまったく違うもの。あれが嫌だ、これが嫌だ、という言葉は出てきません。あんなことをしたい、こんなことをしてみたい、将来はこんなふうになりたい。それぞれに責任を背負って事業をしている人たちですから、大変な時もあるけれど、それでも、**常に未来をみている姿に刺激されて、私も未来を見たくなったんです**。

それが９月。

そして、２０１７年10月20日、マーチャントクラブ４周年記念の勉強会の時。休憩時間に菅さんに声をかけられます。

「マルコさん、皆の前で出版するって宣言しませんか？」

宣言！　正直ちょっと困ったなと思いました。出版のお話は以前から少し話題にはなっていたものの、皆さんの前で宣言するなんて！

「え～～～っ、え～～～～っ、え～～～～～～っ……」

と、ハッキリしたお返事はその場ではできませんでした。

そして、セミナーの最後に、宣言タイムが始まりました。希望者が手を挙げて、それぞれにその年の目標を宣言するのです。

ど、どうしよう…宣言したら、もう後には引けなくなる。でも、出版したい気持ちもある。でも、できることならこっそり進めたい（笑）。でも……

と、モジモジしているうちに何人かの宣言が終わって、菅さんが

「もう、誰もいませんか？」

と会場を見渡しました。

その瞬間、目が合いました。

ああっ！　もう行くしかない！！！

おそるおそる、ちょこっと手を挙げました。手を挙げるというより、指先を挙げたというべきか…。

皆の前に出て、マイクを渡されて……

「じゃ、マルコさん！」

「えっと……私、出版します！　まだ何を書くかも全然決めていないけれど、とにかくワクワクすることに進んでいきたいと思います！」

と、あんまりよく覚えていませんが、そんなことを口走ったと思います。

ちなみに、このマーチャントブックスの編集担当である金田さんは、この勉強会の場で

私が出版宣言することは菅さんから聞いていなかったらしく、突然のカミングアウトに心底びっくりしたそうです。てっきり菅さんから聞いていると思っていたんですけど（笑）。

「どうして私のことをこんなに気にかけてくれるのだろう？」

さて。ここで何だか私のなかにむくむくと疑問が沸いてきました。

「どうして、菅さんは、私のことをこんなにも気にかけてくださるんだろう…？」

始めてのセミナー登壇から始まってここまで、私がたくさんの経験をしてこられたのは菅さんのおかげでした。チャンスをくださったり、行動のヒントをくださったり。商材販売の時には、親身に相談に乗ってくださったり。私の質問に丁寧に答えてくださったり。言われるままに行動して流されてきたけれど、よく考えてみたら、お金を払ってコンサルティングを受けているわけでもないんです。それなのに、どうして？

何だか私の中で、それがスッキリしなくて、そして、聞きたいことをどこまで聞くことが許されるのか、そのあたりの線引きもわからなくて、良くしてくださるからと際限なく甘えてしまって果たしてよいものなのかなぁと、モヤモヤしていたのです。質問したいけれど、なぜか遠慮してしまったりして…ますますモヤモヤは募るばかり。

「どうして、他の人じゃなくて私に声をかけてくださるんだろう…？　ほかにも、すごい人はいるのに…」

セミナー登壇にしても、私は入会前から声をかけていただいていたけれど、実際には、クラブメンバーで希望しても菅さんのＯＫが出ない人もいる。

目の前で「●●君の登壇はもう少し先だな～」と、断られているのを見たこともある。

出版だって、企画書を提出しても、受け入れられない人もいる。

菅さんの中には、誰でも何でもＯＫなのではなくて、何かしら基準のようなものが存在しているようなのです。でも、どうして私がその一人になっているんだろう？

考えれば考えるほど、わからないのです。

そこで、思い切ってその日の懇親会で菅さん本人に聞いてみました。

「前から不思議だったんですけど、どうしてそんなに気にかけてくださるんですか？」

「入会前からセミナー登壇のお話をいただいたり、今回の出版のお話も。次の販売力向上会議の登壇のお話も。希望しても、ＯＫが出ない人もいますよね…？」

「今まで、自己コンテンツ販売の件でもアドバイスをたくさんしていただいたり。コンサルを受けているわけでもないのに、どこまで甘えてよいのかわからなくて困ってしまうんです…」

菅さんからの返答は、こうでした。

「これ以上、聞いたら申し訳ないと思った時が、飛び込んでくる時じゃない？」

菅さんが、顧問コンサルティングをされているのは知っていましたし、私とほぼ同時期にクラブに入った方がコンサルを受けておられるのも知っていました。でも、菅さんのコンサルは、事前に面談があって、簡単には審査に通らないとも聞いていました。だからここでもずっと**【私には関係のないこと】**だと思っていたんです。

この時、菅さんがどんなつもりでこの言葉を口にされたのかはわかりません。でも、菅さんのこの一言で一気に顧問コンサルティングが自分事になりました。

「菅さんの顧問コンサルに飛び込んで、もっともっと、知らない世界を見てみたい」

次の日、さっそく菅さんにメッセージを送りました。

マルコ：「…あの、単調直入にお聞きしたいんですが、菅さんの顧問コンサルのお代金はおいくらでしょうか？　正直、まじめに考えています。

なんというか、自分のビジネスを！　と言いつつも、私一人では視野が狭すぎて発想が貧困すぎて何から手をつけていいやら状態なのです（汗）。

もちろん、私が希望したら即ＯＫというわけではないのは承知していますが、金額がわかればその準備をして菅さんに熱烈ラブコールをするかもしれません！

ということで、お気軽にお答えいただけると嬉しいです♪」

当時のメッセージが残っていたので、そのまま転載しました。ちょっと恥ずかしいですね。

メッセージに書いている通り、私は、ビジネスそのものが面白くなってきて、もっと大きな世界を見てみたい、アフィリエイト以外のこともやってみたいと思うようになっていましたが、でも、実際に一人では何から始めたらいいのか、どこから取りかかればいいのか、さっぱりわかりませんでした。でも、菅さんと出会ってからそれまでの間に、目まぐるしく次々といろいろな体験をしていくうち、菅さんのアイデアの豊富さ、面白さ、視点の数、視野の広さにすっかり魅了されていたのです。そう、菅さんの思考回路をもっと知りたい、脳内をもっと覗いてみたい、そんな気持ちでした。

そして、そのヨのうちに、菅さんから回答が。

菅智晃：「顧問コンサルティングは、将来的に何か一緒に企画できたり、時にはパートナー寄りの活動ができたらというのが僕の一番の目的です♡
なので、必ず金太で二人で飲みながら語らう面談があります。マルコさんが顧問コンサルに飛び込もうとなった際には、金太でじっくり話しましょう！」

【金太】というのは、菅さんの事務所近くにある串揚げ屋さんです。

ごく普通のお店ですが、顧問コンサルティングの面談や、マーチャントクラブの忘年会、大事な相談事などはなぜか必ず金太で食事をしながらなのです。だから金太は私にとっては憧れの聖地（いろいろと憧れが多すぎますね、本当にミーハーです…）。

あの【金太】（行ったことないけど）で、菅さんと1対1でサシ飲み！

と考えただけでテンションが上がり、もう金太に行く気満々になっている私なのでした。

メッセージのやり取りをしてから約3週間後の11月10日には、私は東京行きの新幹線に乗っていました。

そう、あの【金太】です。菅さんの顧問コンサルティングの面談に臨むためでした。

金太に着くと菅さんはもう待っていて、すぐにお話が始まりました。正直なところ、何を話したのか、詳しいことはよく覚えていないのですが…最初に「どんなビジネスをしていきたい？」と聞かれて、

「わかりません。何がやりたいのかも、何ができるのかもわかりません。でも何だか、今までやってきたアフィリエイトだけじゃなくて、新しい世界を見てみたいと思うんです」

と、これぱっかり言っていたような気がします（笑）。

実は、最初にコンサルティングを受けていた方からも、「まだまだ、マルコさんを見ていきたいという気持ちはあります」というありがたい言葉をいただいていたため、少しだけ、迷いがありました。とにかく話してみよう。それで、いつものように、自分の心がワクワクする方に向かっていこうと思っていました。

でもお話ししていくうちに、**やっぱり私は、何か未知の世界に進んでいきたいんだと気持ちがはっきりしてきました。ワクワクするのはやっぱり、そちらだと。**

後でお話を聞くと、菅さんはその時、一度は断ろうと思ったのだそうです。私が以前コンサルティングを受けていた方は、菅さんにとっても大切な人で、その人が「まだ面倒を見たい」と言っているなら、自分は断ったほうがよいのではないかと。
でも、結局菅さんも、「新しい世界を見たい」という私の気持ちを汲んでくださって、顧問コンサルティングを受けていただけることになりました。

正直、こんなふうになりたいというビジョンもなくて、何をやりたいかも自分でわかっていなくて、ただただ「何か知らない世界を見たい！」と漠然としたことばかり言っている私は、菅さんと話をしながらも「これは…コンサル落ちるな…」と内心思っていました。こんな、脳内お花畑の深い考えも何もない状態はさすがにマズイよな…我ながらよくこれで面談なんて申し込んだよな…と、内心冷や汗をかいていました。

でも、それしか言えないし。それに、菅さんと、もっと深くかかわりたいという気持ちも本当だし。そんな感じでした。**もう、そのまんまの私で行くしかなかったんですね。**

会話の最後に「よろしくお願いします」と言っていただいた時には、「えっ？　これでいいの？」という感じで少しきょとんとしたのですが、あとから聞いてみると菅さんは、私の「新しい世界を見たい」という言葉に、「あ、それ得意♡」と思って、受けてくださる気になったのだそうです。恰好いいことは、言えなくてもよかったようです（笑）。

そして11月末、顧問コンサルティングが始まってからは、最低月に1回は東京で菅さんにお会いするようにしながら、またしてもいろいろなことに挑戦していくことになります。

怖さを感じる時とは自分の殻を破るべき時

アフィリエイトで培ってきた経験やスキルは、法人の商品やサービスの販売にも十分に応用できるという菅さんのアドバイスに後押しされ、**【WEBセールスコンサルタント・佐藤多加子】として、顔も本名も公開したブログを開設**（それまでは、マルコ、というハンドルネームとアバターで活動していました）。その中で、WEBセールスに興味がある実業の方へ向けての情報発信を始めました。

その直後、菅さんにご紹介いただいて、クラブメンバーの方の会社と提携し、**他社のステップメール構築代行にチャレンジ**。初めて、ネットビジネス系の情報商材とはまったく違う商品を販売するためのステップメールを書きました。

自分の言葉でなく、他者に成り代わって、その方の理念を理解して文章を書くことは想像以上に難しく、クライアントさんの著書やブログ、SNS発信を時間をかけてストーカーのように見て回り、直接お話もさせていただきながら作り上げていきました。

法人クライアントの売り上げの一端を担う責務に対する重圧はとても大きくて、いよいよステップメールが稼働するという時には本当にドキドキでしたが、何とか喜んでいただける結果を出すことができ、同じクライアントさんから「次のステップメールもマルコさんで！」とご指名をいただけるようになりました。

ここで、本当に、**自分がこれまで個人の読者さんを対象にやってきたアフィリエイトやコンテンツ販売の経験が、法人の世界でも通用するのだ、ということを実感できました。**その後も、そこでステップメール構築代行の案件を受けながら、いろいろな分野の商品やサービス販売の経験と実績を積んでいきました。

けれど、その時点では、菅さんの紹介があったからこそいただけた案件で、自分自身で案件を獲得するという経験はありませんでした。でも、あくまでビジネスをするのは私。菅さんに頼り切りではなくて、自分でもお仕事を取ってこれるようにならなければならないのです。

そうは言っても、そもそもセールスクロージングが苦手だった私。インストラクター時代も、入会面談が一番嫌いな仕事でした。加えて極度の人見知り。実業の法人さんとの接点も、ほとんどない。アフィリエイトの時は読者さんを集めることも、販売もすべてブログや無料レポート、メールマガジンなどのＷＥＢ上で完結していたけれど、今度は、対面で自分からいろいろな提案をして、クライアントを獲得していかなければいけないんです。

かつては読者さんとスカイプ通話をするだけでドキドキしていた私に、自力でクライアント獲得なんてできるのかしら…。いくら人と会うことを楽しめるようになったと言っても、それはお仕事としてではなくて、あくまで交流でした。仕事として提案をして、納得してもらい、契約する。それは、とても高いハードルに思えました。

先輩起業家さんたちから異業種交流会に参加してお仕事を取ってきたお話などを聞きながら、私は久しぶりに、臆病風に吹かれました。今までいろんな壁を乗り越えてきたけれど、それでもできればやりたくない、一番苦手なことだったんです。

でも同時に、それまでの経験から、

「怖さを感じる時というのは、自分の殻を破るべき時なんだ」

とも感じていました。菅さんからも、対面に対する抵抗感を乗り越えることが課題だと言われました。なので、とにかく何があっても絶対に逃げない、と決めました。

それからはとにかく【まずは、人に会う】ことを意識して、実業の法人さんや個人事業主さんが集まる異業種交流会に参加してみたり、そこで出会った方におそるおそる提案をしてみたりしました（あっさり撃沈しましたけれど）。

また、その頃からマーチャントクラブにも、実業系の経営者の方が多く入会されるようになっていたので、勉強会や懇親会では、「参加したら、必ずフェイスブックで新しくお友達になる方を一人見つける」と決めて、できる限り自分からお話ししたことのない方の隣に座って話しかけるようにしました（それまでは、ついつい居心地の良い知っている人の隣に居座って内輪話ばかりしてしまう人だったんです）。とにかく、今の自分で思いつくこと、できることからやっていくしかない、と。とはいえ、お知り合いは徐々に増えたけれど、お仕事にはなかなかつながらず、モヤモヤとした時期を過ごしました。

もう一つ、菅さんからいただいたアドバイスに

「自分一人で完結しようとしないほうがいいです。まずは自分のスキルを誰かに提供すること。そして、自分の足りないスキルを、誰かで補ってサービスや商品を考えるようにすると、できることが格段に広がります！」

というものがありました。そういえば、アフィリエイトや自己コンテンツの販売は、すべて一人でやってきました。人と組んで何かをする、ということは取り組んだことがなかったのです。これも私が苦手なこと。人とぶつかったり議論するのが苦手で、自分の意見を飲み込むことが多い私なんです。会議などでは気配を消して小さくなってしまう私。人と一緒に仕事をするのは、勤め人時代でもうたくさんだ、と思っていました。

でも、菅さんの言う通り、もっと広い世界を見たいと願うなら、そこにもチャレンジしなければならないんだと感じました。けれどこれも、最初は何から始めたらよいかわからないまま、モヤモヤとしていたのです。

そうこうしているうちに、2018年5月26日がやってきました。

菅さんの顧問コンサルティングを受ける前から講師登壇のお話をいただいていた【販売力向上会議2018】です。

前年の販売力向上会議では、お話を聞く側として、講師の皆さんを眩しく見ていた私が、200人もの聴衆の前に立たせていただいている。不思議な感覚を味わうのと同時に、1年の重みを感じました。もうその頃には、セミナーで死ぬほど緊張するという不安はなくなっていました（何でも、場数ですね）。そして、講師のミッションである20名以上の集客も達成。前年はたった一人しか呼べなかったのに、20名以上の方を集客することができたのも（もちろん、私なりに精いっぱい頑張りました）、とても嬉しかったのです。

私の講義のテーマは、やはり【ステップメール】。**気がつけば、いつの間にか周囲から【ステップメール職人】と呼ばれるようになっていました**（決して自分で言い出したんじゃないですよ（笑））。

法人案件に携わっていくと決めたものの、なかなか自分でお仕事を取ってくることができないでもがいていた私ですが、この販売力向上会議2018が思わぬきっかけとなってくれました。

販売力向上会議に来てくださっていた方が、懇親会の席で「ステップメールを書いていただけませんか？」と声をかけてくださったんです。今もおつき合いのあるクライアントさんです。

その場では少しの間しかお話しできなかったので、改めて後日通話でお話しするお約束をしました。そして、販売したいと思っているコンテンツや、今の活動状況などを詳しく伺って、メルマガ登録用のランディングページからステップメール、そしてコンテンツ販売用のセールスレターまでをトータルでサポートさせていただくことになりました。

これまで、法人案件はステップメールの部分だけを下請けで受けていたのですが、初めて、販売の仕組み全体を任せていただくことになりました。そして、ついに念願の、菅さんの紹介ではない案件の獲得となったのです。

とはいえ、見積書を出してと言われても価格の相場がわからない。見積書をどんな体裁で作ったらいいのかもわからない。一つひとつ菅さんに質問・相談しながら進めていきました。

販売力向上会議の後、【人と組んで何かをする】ということについて、一つのアイデアが浮かびました。**同じ教材出身の先輩がマーチャントクラブに入ってこられたのです。その方の得意分野は、ブログを使ったアフィリエイト。私の得意分野は、メルマガとステップメール。それを合わせてサービスを始めようと思いました。**

当時、ネットビジネス教材のアフィリエイトも継続して行っていましたが、私が紹介していた教材では、趣味系のブログを書いて、そこで商品をアフィリエイトしていくブログアフィリエイトと、私のようにメルマガを使って商品やサービスをアフィリエイトしていくブログメルマガアフィリエイトの両方の道が解説されていました。でも、私自身はいわゆる趣味ブログは専門分野ではありません。教材の購入者さんで作っているコミュニティでも、そちらのサポートが深くできないことにもどかしさを感じていました。そこで、先輩の力を借りて、もっと多くの人に満足してもらえるサービスを立ち上げよう、と。そしてもちろん、先輩にも利益が上がるようにしなければ！

先輩に声をかけ、提案をしました。趣味ブログと、ブログメルマガアフィリエイト、それぞれの添削をするサービスを一緒にやりませんかと。利益は折半で、セールスに関する一切の作業は私が行う。先輩には、企画段階での打ち合わせを一緒にしていただくことと、サービスに参加された方のうち、趣味ブログに取り組んでいる方の添削をお願いしたいとお話ししました。**自分が少し多く動いて利益は折半くらいがちょうどいい、と考えました。**ドキドキしながらの提案でしたが、快く受け入れていただき、初めての共同企画が動き出しました。

チャットワークというツールでやり取りをしながら、企画の細部を決めていきました。添削依頼をどのように出してもらって、どのような形で返すのか。コミュニティは作るのか、価格はどうするのか、添削の期間はどうするのか…。打ち合わせをしていくうちに、お互い、それぞれが販売していた自己コンテンツも、サービス参加者さんに提供することにして、サービスの価値を高めることになりました。

詳細が決まったら、今度は私が頑張る番です。セールスレターを作成し、メルマガで販売開始。それが9月のことです（販売力向上会議から3か月後）。**3日間のオファーで、228万円を売り上げることができました。【誰かとパートナーシップを結んでサービス**

展開をする】ことを、一つやりとげた瞬間でした。

やってみると【誰かと組む】ということもまた、楽しいものでした。提案する時は緊張しましたが、企画が動き出し、アイデアを出し合ってサービスが形になっていく過程はワクワクするものでした。提案した相手が、もともとのお知り合いであり、大好きな先輩でもあったので、ストレスはまったく感じませんでしたし、自分が多めに動いて、利益折半というのも苦になりませんでした。何より、自分一人ではできないことが実現できる、ということが嬉しくて、企画に関わる人全員が嬉しい結果になるようにと思うと、ますます、力が沸いてきました。

ここで思ったのは、【誰と】という所がとても大切だな、ということ。一緒に仕事をする相手のことをお互いに好きでなければ、利益分配で不満が生まれたり意見の相違が生まれた時に歩み寄りが難しくなります。心から信頼することもできません。でも、好きな人となら、一緒に同じ方向を見て進んでいくのはとても楽しくて、少々の苦労も気にならないのでした。お知り合いでいつも、【何をやるか、よりも、誰とやるかだ】と言っている人がいましたが、本当にその通りだなと思います。

死ぬほど嫌だった営業や提案が今は楽しくて仕方がない！

もう一つ、組む、とは少し違いますが、私から提案したことがありました。マーチャントクラブメンバーで、リアル（実業）の世界で起業塾をされている方がいらっしゃるのですが、その方の塾で、ＷＥＢ活用も取り入れていくということを聞いて、私のステップメール教材を提供したいと申し出ました。その代わり、その塾に一人入会があるごとに、教材代金をいただくというものです。これも快く受け入れていただき、塾のサポーターとして名前も入れていただいて、実践会に時々顔を出して、メルマガ活用やステップメールについてのお話をさせていただくようになりました。

収入としては大きなものではないですが、たくさんの方と知り合って、楽しくお話しさせていただくことが大きな財産になり、ここからご縁が広がっていくことになりました。

さらに、その塾のサポーターとして、菅さんや私と一緒に参加されていた有名なセールスコピーライター（セールスにかかわるレターやメールの文章を書く人のことです）の方が、「ちょっと今は受けられない」と断ったクライアントさんをご紹介くださいました。販売力向上会議でのお話も聞いていただいていて、起業塾の実践会でお会いしているうちに「マルコさんなら紹介できる」と感じてくださったのです。

そのクライアントさんは、実業でスクール運営をしている方で、すでにブログやメルマガも運営されていました。依頼された仕事というのは、セールス用のステップメールではなく、今、手動で定期的に書いているメルマガをステップメール化して、メルマガを書く手間を減らしたいという内容でした。全部で100通はストックしておきたいとのこと。100通のステップメール！　ちょっと気が遠くなりましたが、とにかく今は何でもやってみる時だと思って、お受けすることにしました。大好きな方がご紹介してくださったということもありました。セールスはないということだったので、1通当たりいくら、という形にして、まず最初に半額を入金していただいて残金は完成後という約束にして、その方のブログやフェイスブック、メルマガのリサーチを始めました。

それから、何度か通話をしてお話を詰めていくうちに、話が思わぬ方向へ進んでいきました。

実はそのクライアントさん、それまで**対面で行っていたセミナーを動画コンテンツ化して、WEB上で販売したい**という構想を抱いていらしたのです。フェイスブック広告を活用してメルマガ登録を促し、ステップメールで販売する。その販売用ステップメールも依頼したいとのことでした。

メルマガ登録用のランディングページやセールスレターは別のデザイナーさんにお願いするというお話だったので、まずは、そのランディングページとセールスレターが完成したら、販売予定の動画と合わせて見せてくださいとお願いして、それを見てから、販売のためのステップメールを書く約束をしました。

しばらくして、編集済みの動画コンテンツが送られてきました。それを見て私は一気にそのクライアントさんが好きになってしまいました。「この人、本物だ！」と思ったんです。どんなスクールをされているかはお話しできませんが、生徒さんに成果を上げてもらうことを最優先にして、時には厳しい指導もされています。でも、厳しいだけでなく心遣いもあって、生徒さんたちからの信頼も絶大でした。ブログやフェイスブックで発信されている内容も、うなずけることばかり。そして、実際にそのクライアントさんの指導を受けた生徒さんの成果も、素晴らしいものでした。

その後、メルマガ登録用のランディングページのサンプルを見せていただきました。クライアントさんご自身も、あまりピンと来ていなくて【意見をもらいたい】というお話だったのですが、確かに、ランディングページとしてはちょっと…という感じでした。デザイナーさんが作成されたそうなのですが、デザインは綺麗なものの、【登録したい】と読者さんの心を動かすには文章がとても弱いと感じました。きっと、デザインはできるけれど、マーケティングに携わった経験はない人が作ったんだろうな、という印象だったんです。そこで、正直にその印象を伝え、参考になりそうなランディングページのリンクを送りました（私が作ったものではないですが）。

そうしてかなり待ってから、ランディングページの第2稿を見せていただきましたが、やはり今一つ。クライアントさんも、納得がいっていないようです。しかも、どんどん時間が過ぎていくことに焦りも感じておられるようでした。ある理由があって、急がなければならなかったのです。私自身も、ちょっともどかしさを感じていました。このままではいつまでたっても前に進まないぞ。

そこで、提案をしてみました。

マルコ：「**ランディングページからステップメール、セールスレターまで、私に任せて頂けませんか？　そのほうが、スピーディに進むと思いますし、私自身も、ステップメールを書きやすいです**。おそらく、このランディングページを作成されたデザイナーさんはセールスに関する経験や知識がない方だと思いますので、高い登録率、成約率を出すのは難しいと思います。

最初に、１００通のステップメール作成代金の半額をいただいていますが、それをデポジットとして、ランディングページ作成やレター作成にあてさせていただいて、報酬は、成果報酬として売り上げの〇〇％をいただく、という形でいかがでしょうか。１００通ステップとしての代金は、頂戴せずに作成させていただきます」

クライアント：「ロイヤリティが発生するということですよね…すでに今のデザイナーさんにランディングページの制作料も支払ってしまっているので、もう少しこのまま進めさせてください」

マルコ：「わかりました」

というやり取りのあと、しばらくの間、いろいろなご相談に乗っていたのですが、結局「やっぱり、マルコさんにお任せしようと思います」。

と言っていただいて、ランディングページ、ステップメール、セールスレターのすべての流れを構築させていただくことになりました。

遂に、自分で提案をして案件を獲得することができました。成果報酬のパーセンテージを少し下げてもらえないか、ということだったので、そのクライアントさんをご紹介くださったセールスコピーライターの方や菅さん、私がサポーターを務めている起業塾で、事例として紹介させていただくことにして、最初の提案より少し低めの成果報酬を設定しました。

それから、東京へ出向いた時を利用して、初めて対面でクライアントさんとお会いして打ち合わせをしました。そこで、動画コンテンツの販売予定価格を伺うと、広告運用をするにはちょっと低いということがわかりました。この単価の商品で広告を回したら、赤字になる可能性が高いとお話ししました。

そこで、動画コンテンツ販売後に、購入者さんを対象に、そのままスクールの募集もステップメールで行うことにしました。いわゆる【バックエンド】です。動画コンテンツ販売を入り口（フロントエンド）として、その後のスクール販売で利益を上げる作戦です。いわゆる【学校】なので、ある程度高額になることと、クライアントさんサイドでも受け入れる生徒さんは選びたいということだったので、ステップメールではｚｏｏｍ（パソコンやスマホで無料通話ができるツール）での通話に誘導して、そこでクロージングをすることに決めました。さらに、対面のスクールだけでは通える人が限られてしまうのでもったいないからと、オンラインで学んでいただくオンラインコースも提案しました。以前、動画コースとして展開されていたものですが、労力とコスト、利益のバランスが取れないということで一旦終了していたものを、形を変えて復活させる提案をしました。

…**気がつけば、苦手だと思っていた提案を、どんどんしている自分がいました**。クライアントさんの希望を伺って、それを実現するための方策を考えて、提案する。ここで、本当に、今までアフィリエイトや自己コンテンツ販売、先輩との共同企画の販売、コンサルティングの募集などでやってきたことや、いつの間にか身についていた知識が、そのまま実業の世界でも通用することが実感できました。

メルマガに登録していただくためにプレゼントを用意して、ランディングページを作る。登録くださった方にステップメールを流して、セールスレターでコンテンツの紹介をする。さらに、コンテンツの購入者さんを対象に、もっと深く学んでいただける企画を打ち出して、バックエンドとして紹介する。広告費対収益のバランスを考える。この流れは、私がこれまでやってきたこととまったく同じでした。

違うのは、紹介するモノだけです。でも、**人がモノやサービスに投資する時の心理はいつも同じです。それぞれが望んでいる未来や夢のためにお金を支払うのです**。私のすることは、その夢が実現できることをクライアントさんに代わって伝え、実現できた先の未来を見せる。これだけです。

そのためには、私自身がクライアントさんを信じることができなければなりませんが（そうでないと、嘘をついているような気持ちになってしまいますから）、その点はまったく問題ありませんでした。打ち合わせやリサーチを重ねるうちに、「あぁ、この人は本物だ」という思いがどんどん強くなっていき、私はそのクライアントさんが大好きになってしまったのです。

マルコからあなたに伝えたいこと その6

こうして本格的に、自分以外の人と組んで企画を打ち出したり、法人クライアントのお手伝いをするようになったわけですが、ここまでにお伝えした通り、「やってみたい」とは思ったものの、最初はどうしたらよいのかわからず、まったくの手探り状態でした。とりあえずは、お知り合いを増やしたり、異業種交流会に参加してみたりと、そんなことから始めてみたのですが、最初はなかなか上手くいきませんでした…。

「本当に、自分にできるのかなぁ」なんて、気持ちが沈みがちだった時期でもありました。

でも、今考えてみると、何をするにしても、こういう時期は必ず乗り越えなければならないものなのだと思うのです。アフィリエイトで結果を出す前にも暗いトンネルの中にいるような感覚になる時期があったのですが、とにかくあきらめずに自分ができることに全力を尽くしたことで、成果につなげることができました。そして、次のステップでもやっぱりトンネルはあったけれど、とにかく目の前にやってくることに全力で取り組むことと（私の場合はセミナーなど）、小さなことでもその時の自分に何ができるかを考えてやり続けることで、光が見えました。

そしてもう一つ感じたのが

【欲しい、欲しいと思うほど遠ざかる】

ということです。

この言葉は、私がブログメルマガアフィリエイトを頑張っていた頃に、同期の仲間の口から出た言葉なのですが、ものすごく心に残っているのです。

- メルマガ登録が欲しいと思うほど、登録されない
- メルマガへの反応が欲しいと思うほど、反応が来ない
- 成約が欲しいと思うほど、成約しない

そんな思いを込めた言葉なのですが、これって、すべてに当てはまるなぁと。

【欲しい】という気持ちはもちろんあって当然なのですが、**自分中心の欲望で頭の中がいっぱいになってしまうと、欲しいものは逆に遠ざかってしまう**のです。この欲望をいったん脇に置いて、相手の利益、相手に喜んでもらうことを考えるようになると、不思議とうまくいくのです。

ブログメルマガアフィリエイトなら、読者さんに喜んでもらうために、読者さんのお役に立つために自分には何ができるかを親身になって考えます。そうすると、自然と信頼関係が生まれ、「あなたから買いたい」という嬉しい言葉をいただけるようになるでしょう。

アフィリエイトの世界から飛び出して、誰かと新しい企画を生み出したいと思った時も、【欲しい、欲しい】が先に立っている時は何をしてよいのかわかりませんでした。が、それをいったん忘れて【もっと喜ばれるサービスを生み出すにはどうしたらいいか】を考えるようになってからは、「この人の力を借りて、こんなサービスを打ち出したら喜ばれるんじゃないか?」というアイデアがどんどん浮かびましたし、力を借りる相手の利益を優先に考えることで、逆に楽しくお仕事をさせていただくことができました。

法人クライアントさんを獲得したいと思った時も、「この人を顧客にしたい」という下心を持って接していたうちはうまくいかなかったけれど、逆にそれを忘れて「なんとか、この人にうまくいってもらいたい」と考えるようになった時に、抵抗なくいろいろな提案ができるようになって「マルコさんにすべておまかせしたい」という言葉を頂戴しました。

もちろん、ビジネスですから最終的には自分の収入につながらなければなりませんが、その前に、まず相手に利益を得てもらって、その一部が自分の収入として返ってくると考えるくらいがちょうどよいのだと私は感じています。

アフィリエイトのように個人の読者さんに対する時も、誰かと組む場合も、そして法人クライアントさんに対する時でも、やっぱり、

【今日は、誰を全力で喜ばせようか?】

という姿勢があってこそなのだと思うのです。

これまでの人生で一番頑張った3週間

セールスの流れの大枠が決まったら、いよいよそれを形にしていきます。最初に案件の依頼をいただいた時より、随分と遅れが出ていました。もう、10月も終わりになっていました。クライアントさんも焦りを隠せない様子でした。そう、事情があって（その訳は言えないのですが）年内には、バックエンドのスクール紹介までを終わらせなければならなかったのです。

クライアントと広告代理店との打ち合わせで、11月11日に広告運用を開始することが決定しました。つまり、その日からステップメールが稼働します。また、広告開始の数日前までにはランディングページが必要ということで、大急ぎで作成に取り掛かりました。今までのように、すべての仕組みを作ってから稼働というわけにはいきません。そんな時間の猶予はないのです。

まず、ランディングページのラフ（文章だけを書いたもの）を私が作成して、デザイナーさんにデザインを依頼します。これも大急ぎでお願いしました（**図6**）。デザインの仕上がりを待っている間に、ステップメールの作成。1日2通配信でオファー開始まで8日間。販売開始から終了までが4日間。さらに少し間を空けて、ダウンセルを3日間（ダウンセルというのは、少し安価な価格のサービスを後日販売することです）。合計で17日分、26通のステップメールです。ランディングページのデザインが上がってきたらそれをチェックして、クライアントさんに確認いただきます。そして修正依頼。それを何度か繰り返します。締め切りギリギリにランディングページが完成し、予定通り11月11日から広告の運用が開始されました。同時に、登録くださった方にステップメールが流れていきます。でも、ステップメールは最初の数通しか完成していません。配信とほぼ同時進行で、ステップメールを書いていきました。

それと同時に、ステップメールでコンテンツの紹介を開始するまでに、セールスレターも完成させなければなりません。1日2回のステップメールの配信の合間に、セールスレターのラフを書いて、デザイン依頼に出し、でき上がったらチェック・修正の繰り返し。販売開始ギリギリにようやくセールスレターが完成して、何とか間に合わせました。

まだ終わりません。販売用のステップメールが終了したら、そのまま100通のステップメールを流していかなければなりません。それとは別に、動画コンテンツの購入者さん専用のステップメールも構築していきます。そう、次はスクールのオファーに向けたステップメールです。そして、スクールオファー用のセールスレターも。また、コンテンツを購

図6　キャンペーン（商品販売から終了まで）の作業内容（動画コンテンツ）

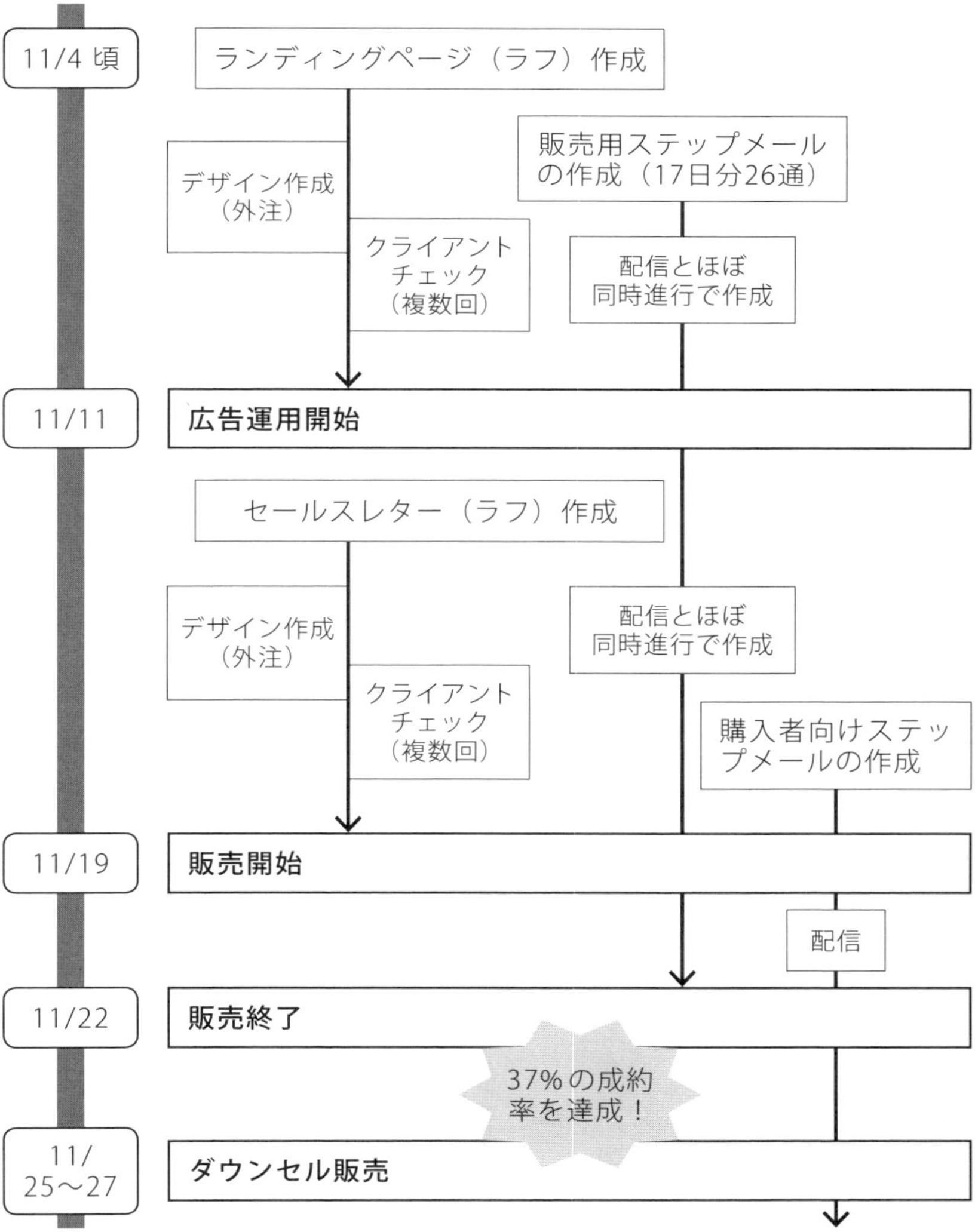

入した方が自動で購入者用のステップメールに登録されるように、決済システムとメルマガ配信システムの連動をする必要もありました。これは、決済システムの開発者さんに外注したので、そのやり取りも同時に行っていきました。

毎日が綱渡りのように過ぎていきました。おそらく、今までの人生の中で一番頑張った時期だと思います。まとまった睡眠時間は無し、小刻みに仮眠を取りながら昼も夜も無くパソコンに向かいました。デスクの上にはユンケルの空き瓶が何本も（笑）。仮眠から目が覚めて時計を見ると6時。でも、朝の6時なのか、夜の6時なのかわからない、そんな毎日でした。インストラクター時代よりも働いていたかもしれません。でも、不思議と苦痛ではありませんでした。体は疲れていたけれど、なんだか【燃えて】いたのです。

そして。しっかり構成を考える時間も、あとから修正を加える余裕もない中で作ったステップメールでどの程度の結果を出せるのか、正直不安があったのですが、**動画コンテンツの最初の成約率は、37%。自分史上最高の成約率を出すことができました。**その後のスクール説明の通話申し込みも、入ってくるようになりました。

現在も、その案件はまだ続いていて、オンラインコースだけのオファーや、オンラインコース会員専用のサイト作成を勧めつつ、クライアントさんの希望を聞きながら日々仕組みの改善をしています。気がつけば当初予想していたよりも長いお付き合いになり、大好きなクライアントさんと充実感を味わいながら仕事をさせて頂けて、幸せを感じています。

そして、ランディングページやセールスレター、会員サイトの作成を一緒にやってくださったパートナーさん（この本の漫画を描いてくださっている方です♪）、途中から、100通ステップのネタ出し、下書きなどのお手伝いをお願いするようになったパートナーさん、たくさんの方と協力しながら仕事を進めていけることが、とても嬉しいのです。人と一緒に仕事をするなんて面倒だ、と腰が引けていたのが嘘のようです。

アフィリエイトを始めた当初は、「家でのんびり稼ぎたい」と思っていた私が、気がつけばモーレツに働いていました。

でも、お勤めをしていた頃とまったく違うのは、それが楽しくて、やりがいをすごく感じていること。

実業の世界中心に事業を進めてきた法人さんたちは、ＷＥＢの世界については苦手意識が強いけれど、その専門分野では、それぞれすごい方なんです。**何かの分野で圧倒的な実績を出している人というのは、例外なく、とても魅力的。行動力、決断力に飛んでいて、思考が前向きで、うじうじした所が無くて。打ち合わせなどでお話ししていると、いつも**

パワーがみなぎってくるんですね。だから、人生何度目かの【死ぬほど頑張る期】も、乗り越えられたのかもしれません。

もちろん、自分ではなくてクライアントさんの売り上げに対して責任を負うことに、緊張感も感じました（それは今でも）。特に、セールスが始まる日はドキドキです。でも、背負う責任と、収入はある程度比例するのだとも感じました。対価を得るためには、積極的に責任も背負いに行かねばならないのだなと。

でも、それ以上に、【リアルの世界ですごい人】の認知を、ＷＥＢの力を使ってさらに広げることには大きなやりがいを感じました。一人のクライアントさんの先には、そのお客様がたくさんいらっしゃいます。私が、一人のクライアントさんの力になることで、その先の多くの人の悩みを解決したり、夢をかなえたりするんだと思うと、ロマンを感じるのです。

その代わり、自分が本当に好きだと感じる方のお手伝いしかしないと、決めています。そうでないと、心から本気になれないですから。

とりあえず、目の前のワクワクすることに全力でぶつかってみよう

こうやって、一つひとつのご縁を大切に、目の前のことに全力で取り組んでいくうちに、いろいろなお話をいただくようになりました。

「ステップメールはマルコさんに書いてもらいたい」

とご指名をいただいたり。

WEBビジネス系以外のコミュニティでセミナー講師を頼まれたり（文章の書き方など）。書籍のゴーストライターの打診をいただいたり（実現するかどうか、まだ未知数ですが）。

ご縁がご縁を呼ぶというのは本当だなぁと、しみじみ感じます。


個人で小さく始めたアフィリエイトでしたが、菅さんのおっしゃった通り、その中で培ってきたスキルや経験は、とても価値のあるものでした。こんなにも求められるものだったなんて。メルマガの読者さんを集めるランディングページ作成、成約率を高めるステップメール、セールスレター作成。また、フロントエンド、バックエンド、ダウンセルなどWEBセールス全体の流れの作り方、仕組みから利益を上げる考え方、コミュニティの運営。何一つ、

無駄なことはありませんでした。

私から見たら【めちゃくちゃすごい人】が、WEBセールスのお話になると、こそばゆいくらい敬意を払って耳を傾けてくださいます。その中で、**提案をして、案件を進めていくということには責任が伴うけれど、その責任を進んで背負うことで、自分自身が強くなれたと思うのです**。

そして、同じ教材でネットビジネスを学んだ先輩や同期の仲間、私から教材を購入してこの世界に飛び込んできた後輩さんたちと、今、パートナーとして仕事ができていることも、とても嬉しいのです。

人見知りで人と交渉するなんてストレスでしかなかった私が、今は人と関わることを楽しみながらお仕事をさせていただいています。本当に不思議なこと。そして、ありがたいことです。

ビジネスでかかわる人たちは、クライアントさんも、パートナーさんも、それぞれ自立した考えをしっかりと持っているので、とてもお付き合いがしやすいのです。

仕事に対する対価が、【成果】に対する対価だということを理解しているから、努力を惜しみません。愚痴も出ません。

勤め人やパート感覚だと、【拘束された時間に対する対価】という考え方が強いので、成果が出ていなくても拘束された時間分の給与をいただくのが当たり前で、給与以上の利益を会社に提供していないのに【給料が少ない】と愚痴を言ってみたりする人が多いですよね（そうではない人もいますが、私が勤めてきた会社ではそんな人が多かったんです）。業務外で集まれば愚痴、悪口だったり。辞めたい辞めたいと言いながら辞めない、会社に依存している人たち。そんな環境がストレスだった私にとっては、今の関わり方がとても心地よいのです。

あ。ちょっと昔の愚痴のようになってしまいました（反省）。

でも、**これまでにしてきたどの経験も無駄なことは一つもなかったと思っています**。

昔は【仕事運がない】と娘に言われていたけれど、今となっては【ココ】に向かうために必要な道のりだったのかなと思うのです。すべての経験が、今に生きています。リフォーム会社時代に横領事件に遭遇したけれど、1年間、逃げずに後処理をやり切ったことも、パソコン教室のインストラクター時代に、沢山の生徒さんと向き合ってきたことも、教室長になって、スタッフとの関係に悩んだことも、クレーム対応に逃げずに向かったことも。うつ病になって仕事を辞めたことも。インターネットビジネスに出会ったことも。その中で、たくさんの大切な方たちに出会ったことも、すべて必然だったのかなと。

そして今は、過去の私のようにインターネットビジネスに興味を抱いている個人の方へのコンテンツ販売やサポートも続けながら、先輩との共同企画も進めながら、法人クライアントさんとのお付き合いも続けながら、こうして本を書いています。

２０１４年11月18日。

初めての教材を買って、右も左も分からないまま手探りでインターネットビジネスの世界に飛び込んでから、気がつけば４年以上が経ちました。40代前半だった年齢も、もう50代が見えてきました。怒涛のように走り抜けた、あっという間の４年間でした。

でも、まだまだ終わりではありません。むしろ、まだ始まったばかり。

まだ、私は道のりの途中で、これからさらにどんな未来が待っているのかわからないし、今までもそうだったように、きっとこれからも、思ってもみなかった方向に進んでいくのかなぁと感じていて、それが楽しみでもあります。そして、もっともっと成長していきたいとも、思っています。

私はいつも、【なんとなく】の直感で生きてきました。計画性がなくて、将来の明確なビジョンもなくて、使命感のようなものもなくて、誰かに負けたくないという負けず嫌いさも持ち合わせていなくて（自分に負けたくないという気持ちはありますが）。なんというか、大きな運命の流れに流されるままに、ここまで来たような気がしているんです。

時々、大きな夢やビジョンを語ってくれる先輩経営者さんのお話を聞いたりすると、「私って、こんな感じでいいのかな？」と、ちょっとだけコンプレックスに感じたりもしていた時期がありましたが、**今思うと、とりあえず目の前のワクワクすることを見て、そこに向かっていく私の性分が、結果的に良いご縁やチャンスを手繰り寄せてくれたのだと思うのです。**

チャンスの神様は前髪しかないって、よく言いますよね（聞いたことありますか？）。チャンスの神様は、とっても足が速くて、しかも、前髪しかないんだそうです。頭の後ろ側は、ツルツルハゲなんです。そして、気まぐれで、何の前ぶれもなく突然目の前に現れます。

その時に、怖いからって一瞬でも躊躇したり、「これは、チャンスなの？　違うの？」と迷ったりしたら、あっという間に走り去ってしまうんです。後になって【やっぱり】と思って振り返って捕まえようとしても、後ろ髪がないから捕まえられないんです。

これは、私が考えたことではなくて、本で読んだことなんですけれど、本当にそうだと思います。

そして、これは私が勝手に思っていることですが、チャンスって時々、ピンチに見えることがあるんです。ここまで、この本の中に書いてきた私にとってのチャンスは、同時にピンチでもありました。挑戦するのがとても怖いことだったり、何日も徹夜をするくらい大変なことだったり。今は、普通にできていることでも、その時は必死の思いで乗り越えました。そして、乗り越えてから、**【ああ、そうか、チャンスだったんだ】**とわかったんですね。あの時に、怖いから、気が乗らないから、大変そうだからと避けて通っていたら、今の自分はなかったと思っています。

だから、チャンスは時々ピンチに見えるって思うのです。**チャンスの神様は、ピンチに変装してやってくる**ことがあるんです。でも、「これは、チャンスなの？　ピンチなの？」と考えていたら通り過ぎてしまいます。考える前に、前髪をわしづかみにするしかないんです。

それともう一つ思っているのが、**【チャンスの神様は変幻自在】ということ**です。ピンチのふりをしてやってきたらチャンスだったり、「チャンスだ！」と思って掴んでみたらめちゃくちゃ苦しくて「あぁ！　大ピンチ！」と思ったり、けれどそれを頑張って乗り越えたら、結果的にものすごいチャンスだったり。チャンスのはずだったのに、いい加減な気持ちで向き合うと、ピンチに変わってしまったり。コロコロと姿を変えてしまいます。

でも、結局のところ、目の前にやってきた【何か】の機会を、チャンスにするかピンチにするかは、自分次第なんだと思うのです。

ネットビジネスの世界に飛び込んでから、これまでの人生の中ではなかったくらいに1年1年の変化が大きく感じられます。1年前の自分が想像もしていなかったことを、今やっている自分がいます。

来年の今頃、自分がどんなことをしているのか、やっぱり想像はつかないけれど、それがまたワクワクして楽しみでもあります。40代後半になって、こんなに濃厚な人生を送っていることが、とっても幸せなのです。

本当はね、明確な目的意識を持っていたほうがいいんだろうけれど…壮大なビジョンや大義をもってビジネスに向き合っていたほうがいいんだろうけれど…

でも、こんな生き方もあってもいいんじゃないかと思っているのです。

末っ子で人見知りで弱虫泣き虫、作文大嫌いだった私が、人前に立って話をしたり、文章を書くことを仕事にしていたり、こうして本を書いたり。人生は何がどうなるかまったく予測がつかないものです。だからこそ面白いし、自分に制限をかけずに【自分なんか】

という言葉は捨てて、どんなことにでも挑戦していきたいと思っています。そして、この本を読んでくださっているあなたにも、そうしてほしいと思うのです。

どうしてもやりたいことは【やればできる】し、【人は、変わりたいと強く思えば、変われる】。そして、【自分が変われば、人生が変わる】のだから。そう考えただけでも、ワクワクしてきませんか？

あなたが今、どんな状況なのか？　男性なのか、女性なのか、主婦なのか、サラリーマンなのか、アルバイトやパートをしているのか、派遣社員なのか…私にはわかりません。でも、小さな子どもを背負って内職をしたり、ヤクルトを配ったり、スーパーでパートをしていたごくごく普通の主婦が、今では「ビジネスやってます」なんて言えるようになったのです。私ができたのだから、あなたにもできると思っています。私のお話は、私だけのものではありません。あなたにも十分可能性があることだと思って読んでほしいのです。

今後は、ゼロからインターネットビジネスの世界に飛び込んでくる初心者さんの支援と合わせて、そこから私のようにビジネスを広げていきたいと願っている人も応援したいと思っています。法人さんとのお仕事も、増やしていきたいと思っています。でも、私のことですから、途中でまたフラフラと思わぬ方向に進んでいくかもしれません（笑）。

それでも、いつまでも、初心だけは忘れずに、ご縁を大切にしながら、誰かに喜んでもらうために、全力を尽くしたいと思うのです。

あなたとも、何かのご縁でつながることができたらと、ちょっぴり期待しています。

私の長いお話につき合ってくださって、ありがとうございました。

私の4年ちょっとの道のりが、あなたに勇気やワクワクをお届けできましたら幸いです。

Part.2総括

ここまで書いてみて、改めてしみじみと感じたことがあります。それは…

私のビジネス人生は、すべてが【人との出会い】から始まっていたなぁということです。

最初の頃、ひたすら黙々とパソコンに向かってブログやレポート、メルマガを書いていた頃は、インターネットの世界の中で、【まだ見ぬ読者さん】のために発信をしていました。そして、実際にブログ経由でメッセージをいただいたり、メルマガにお返事をいただいたりすることで、顔は見えないけれど、パソコンの向こう側の【読者さんとの出会い】が始まり、そこからビジネスに発展しました（つまり、収益につながるようになりました）。

そして…


アフィリエイトという小さな世界で一つの道筋を見出した後は新しい出会いを求めて、二つ目のコミュニティに飛び込み、リアルの世界でたくさんの方々と出会って交流することで、新たな刺激を受けたり思いもよらぬお仕事が舞い込んだり。

インターネットの世界だけにとどまらず、ビジネスがさらに広がりました。

本当に、すべてが【人との出会い】でつながっていったなぁと思うのです。

ネット上でも、リアルの世界でも。

後半では、この本の監修である菅さんやマーチャントクラブについてのお話がたくさん出てくるのですが、私は決して菅さんやマーチャントクラブの宣伝をしたいわけではありません。

ただ、**一つのことに専心して取り組んだら、次は何かしらのセカンドコミュニティに所属して、世界を広げることがステップアップにつながると思うのです。**

そのセカンドコミュニティが、私にとってはマーチャントクラブだったのですね。

私を鍛えてくれたコンサルタントやたくさんのアドバイスをくださった菅さんとの出会いも、私にとっては最高の出会いでしたが、あなたにはあなたの【最高の出会い】があるはず。

必ずしもコンサルという形をとる必要もないと思います。

あなたが心から信頼できて、大好きだ！と思える【誰か】に出会って、その人に近づきたい、その人に認められたいと思って頑張れたら、それが最高なのだと思います。

意外な人が、見てくれていて、声をかけてくれることがあります。

それが、その【誰か】だったらますます最高ですね。

そして、【自分にとって最高の誰か】に出会うためには、自分自身が勇気を出して外に飛び出していく必要があるとも、感じています。

最初は居心地が悪いです（性格にもよると思いますが…）。

私も、初めてセミナーに参加した時や、クラブの勉強会に外部参加した時、初めての異業種交流会に参加した時…全部、居心地が悪かったです。

内心、【早く帰ってお部屋にこもりたい！】と思ってました（笑）。

けれど、そこに頑張って居続けて、懲りずに何度も足を運んでいくうちに、気がつけばその【場】に馴染んでいきます。居心地が良くなってきます。

そして、居心地が良いと感じられるようになる頃には、不思議と自分自身のレベルが一つアップしているんです。


そして、さまざまな人たちと出会っていく過程では常に「今日は、誰を全力で喜ばせようか？」という言葉を思い出してほしいと思います。

●パソコンやスマホの向こうの読者さんやお客さん
●今日、これからお会いする人
●自分が尊敬する方、慕っている先輩
●お仕事を依頼してくださったクライアントさん
「全力で喜ばせたい！」と思っていれば、自然とすべてに全力で取り組めます。

全力で取り組めば、結果もついてきます。

そして、その結果が、また次の出会いやお仕事を連れてきてくれます。

その循環で、すべてが回っていくのです。

後半のお話は、そんなことを感じていただければと思って書きました。

何が正解、というものはありません。

私はたまたま、【ステップメールの成約率が高かった】というところから広がっていきましたが、あなたのビジネスがどんなきっかけで広がっていくのか、それはわかりません。

でもきっと、目の前のこと一つひとつに全力で向き合っていれば、あなた自身も驚くような展開になるはず。

ぜひ、目の前のこと、目の前の出会いに全力を注いで、あなただけの出会いとストーリーを作っていただければと思います。

それこそが、失敗も成功も含めて、【あなたにとっての正解】なのです。

コラム2

スガにも一言言わせてください！

ビジネスの飛躍のポイントとして、【環境を変化させる】という話は聞いたことがあるかと思います。ですが、それだけでは十分とは言えません。環境を変えると、最初は誰しも居心地の悪さを覚えますよね。本当に大切なのは、そこに何としてでも食らいついていくことです。

結果を出している人たちの考え方や作業量を基準値にすることで、やり方さえ間違っていなければある程度の結果はついてきます。決して、現状の自分自身のマイペースを貫かないようにしましょう。

そして、環境の変化の正体は【出会い】です。出会いによって視野が広がり、一つの事象に対してのさまざまな視点が身につきます。さらには、目標値が上がると同時に視座も高くなり、いつしか未知の世界に挑戦していくことの楽しさそのものにハマっていきます。趣味のように時間を忘れて夢中になれてからは、さらにビジネスは加速していきます。

あなたが飛び込みたいと思った環境は、どんなところでしょうか？　共感できる人はどんな人でしょうか？　あなたにとっての「その人」が佐藤多加子さんとなったら、これほど嬉しいことはありません。

エピローグ

どうだった？
きがえた。
うん
なんだか
私にも
できそうって
思えてきた！
ふふふ
ほんと！
よかった
『誰に学ぶか』と
いうこと、
誰に学ぶか
信じる
実践
結果
それから信じて
ひたむきに実践する
実直さが
結果を左右
するんだね
その通り！
それは
そうと・・・
もう仕事いくんだからっ！
そろそろ正体を
明かしなさいよ！
・・・わかった。
実はね、
えへ！
私は未来から来た
あなたの分身なの
えええーーーーっ！

そうだったの!?
どうりで私に顔が似てると思った…
あー…
さてと、もう大丈夫だね。
えっ
じゃ、未来で待ってるからねー
こら～!
私も未来につれてって～
だーめ!
自分の力で来なさい～

監修者からのメッセージ

書を最後までお読みくださりありがとうございます。マーチャントブックス総合監修の菅智晃です。

溢れるほどの情報がある中、専門書がある中で、一向に結果が出ない人が大半を占めるのはなぜでしょうか？　ほとんどの情報がインターネットを通じて無料で手に入れることができるにもかかわらず、結果を出している人は少数という現状があります。

だからこそ、マーチャントブックスは読んで終わりではなく、読んでから実際に著者とつながることまでを想定して企画しました。それは僕自身が出会い以上に人生が大きく変わることはないという実体験からです。

本を通じて著者の人柄を知っていただきたいという気持ちがあり、今回はマルコさんの4年間の体験を赤裸々に綴っていただきました。文章からも伝わってきますが、優しく実直で、お客さんと向き合う姿勢や丁寧さは群を抜くほどの人柄です。

ツイッターやフェイスブックで気軽につながってみてください。マルコさん自身も、出会いで大きく人生が変わったという経験がありますし、僕自身、マルコさんと出会って人柄に魅了された一人です。本書がマルコさんと出会うきっかけとしてのツールになればすごく嬉しいです。

本書を通じてマルコさんからあなたに賽は投げられました。次はあなたからマルコさんへのアクションをする番です。思い描いた事柄はすべて現実になり得るという話がありますが、それも小さな一歩から始まります。

あなたにとって、人生が好転する一冊となるように願っております。

マーチャントブックス監修
株式会社アイマーチャント代表取締役　菅智晃

おわりに

最後まで読んでくださって、本当に、ありがとうございました。

この本は、ノウハウ本というよりは、私のドキュメンタリーのような感じになっているので

ひょっとしたら……詳しいノウハウを期待しておられたら…………

なぁんだ、と思われたかもしれません。

でも、今やインターネットビジネスに関する情報は、ネット上に山ほどあふれていて、学ぼうと思えばいくらでも学ぶことが出来ます。

そんな中で、一番大切なのは結局テクニックやスキルよりも【向き合う姿勢】なのだということを、私自身、実体験の中で強く感じました。

……………というよりは、【向き合う姿勢】次第で、テクニックやスキルは自然と身に付いていくものだと思うのです。【テクニックありき】では、人の心を動かすことはできないのだなと。

それを、あなたにも感じていただきたいと願って、この本を書きました。

私自身、特に優れたスキルもなく、バイタリティーはまったくと言うほど持ち合わせておらず、どちらかというと【天然】と言われがちな普通の主婦だったのですが、そんな私がインターネットビジネスでご飯を食べ、書籍の出版までさせて頂くようになった秘訣は、やはり、ビジネス、そしてパソコンの向こう側にいらっしゃる読者の皆さん、そして周囲の先輩や同輩、ビジネスを通じてつながった方々と向き合う姿勢を教えてくださる方に出会う幸運に恵まれたからだと思うのです。

最初、【外に働きに出たくない】【でも、お金が欲しい】という単純で自己都合な理由で始めたインターネットビジネスですが、今ではその面白さにどっぷりとハマり、気がつけば当初は想像もしていなかった場所に立っています。

そして、ちょうどこの本を書いている最中に、参入当初に住んでいた岡山から関東へ移住し、東京に事務所を持ち、さらに新たな挑戦をしようとしています。

40歳を過ぎてから、こんなに人生が劇的に変化するとは、思ってもみませんでした。

ビジネスへの取り組み方は、人それぞれです。家計を助ける程度の副収入を得たい！でも良いですし（私も最初はそうでした）、起業して、ビジネスで食べていくのも一つの生き方です（今、私は後者を選びました）。

どちらを選ぶかはあなた次第ですが、どちらにしても、インターネットビジネスの世界は、おそらく、あなたが想像しているよりもずっと、人と人との関りや温かみがある楽しい世界です。

私の物語を読んで、少しでもワクワクとしたならば、ちょっぴり、この世界を覗いていただけたらなぁと思います。

きっと、あなたにもできます。

この本を読んでくださった方のために、新しいブログを立ち上げました。

良かったら、訪問してみてください。

本の感想やメッセージも送ってくださると、大喜びします。

〈ブログ〉

最後に。

私がアフィリエイトに取り組んでいたころに、愛情あふれる厳しさで私を鍛えてくださったコンサルタントの(株)ディスカバリー　小澤竜太さん。

この本の監修でもあり、私の第二のビジネス人生を開いてくださった(株)アイマーチャントの菅智晃さん。

締め切りを遅らせまくった私に、根気強く寄り添ってくださった厚有出版(株)の金田弘さん。

アフィリエイト参入当初からの同期であり、今ではパートナーとしてビジネスでも精神的にも私の支えになってくれ、この本の漫画も担当してくださった、あーみさん。

そして、インターネットビジネスの世界に入る以前からずっと、その存在だけで私に頑張る力をくれた二人の娘達。

今、関東での一人暮らしを支えてくれている、優しいパートナー。
皆様に、こころからの感謝を込めて、
本当に、本当に、ありがとうございます。

それでは、また。

2019年8月

マルコ（佐藤多加子）

シリーズラインナップ

既刊本すべて
重版！

Vol.3 申し込みが止まらないブログの作り方

Amazon部門別ランキング **三冠獲得!!!** (2018 年 12 月)

Google のアップデートを筆頭に絶えず変化を遂げるインターネット環境。その中で永続的に集客を安定させるには、〈集客の手順〉に則り段階的にブログを進化させていくことが最善の近道。

流行りのノウハウに惑わされず、どのようにブログを運用すれば●広告なし●営業活動なし●売り込みなし●過剰な演出をした SNS 投稿なしで集客・成約率を恒常的に UP できるのか？

自身の知見に基づく「集客用資産メディア」の構築法について多数の法人・個人クライアントに指導実績を持つ著者が、6つのステップで徹底解説。

〈Contents〉

［著］佐藤 旭　［監修］菅 智晃　A5・292 ページ　定価：本体 2,350 円+税

全国の書店およびオンライン書店（Amazon、セブンネットショッピング、楽天ブックス、etc.）で好評販売中!!

［マーチャントブックス］vol.4

あんなにアヤシイと思っていたネットビジネスが幸せな第2の人生のはじまりでした

2019年8月24日　初版発行

著　者　　佐藤多加子（マルコ）
監修者　　菅　智晃
発行者　　上條章雄

厚有出版
〒106-0041 東京都港区麻布台1丁目11番10号 日総第22ビル7階
TEL. 03-6441-0389　FAX. 03-6441-0388
http://www.koyu-shuppan.com/

装丁・カバーデザイン　信川博希（インターマキシス）
本文デザイン　大橋智子
マンガ　あーみ
イラスト　青木拓也（HIRAKU DESIGN）
イラスト（猫）　英賀千尋
編集協力　馬場ふゆか
DTP　信東社
印刷・製本　東京スガキ印刷
編集担当　金田　弘

ISBN 978-4-906618-90-3